Italiens kulinarische Landschaften

VENEDIG
UND VENETO

Italiens kulinarische Landschaften

VENEDIG UND VENETO

Rosalba Gioffré
Foodfotos von Marco Lanza

CHRISTIAN VERLAG

Aus dem Englischen übersetzt von Susanne Keller für GAIA Text, München
Satz & Produktion: GAIA Text, München
Umschlaggestaltung: Horst Bätz

Dieses Buch mit dem Originaltitel *Flavours of Italy – Venice* wurde entwickelt von McRae Books Srl, Florenz.

Text: Rosalba Gioffré
Fotos: Marco Lanza
Styling: Rosalba Gioffré
Design: Marco Nardi

Druck und Bindung: Mladinska Knjiga, Ljubljana
Printed in Slovenia

ISBN 3-88472-428-2

Inhalt

Einleitung

Die blühende Region des Veneto oder Venetien liegt zwischen dem Ostufer des Gardasees und dem Adriatischen Meer und erstreckt sich im Süden bis zur Mündung des Po. Nicht nur die Hauptstadt Venedig, in der ganzen Welt als begehrtes Reiseziel geschätzt, sondern auch die übrigen Provinzen Venetiens überraschen mit einer Fülle von kulinarischen Traditionen und feinsten Gaumenfreuden. Die Frühzeit des Veneto ist noch nicht völlig erforscht: Es wird vermutet, dass eine erste, paläovenezianische Zivilisation zwischen 1500 und 1000 v. Chr. entstand, als sich in dem Gebiet zwischen Alpen und Adria ein Volksstamm kaukasischen Ursprungs niederließ. Während des sechsten und fünften Jahrhunderts vor Christus befand sich diese erste Zivilisation der Region auf ihrem Höhepunkt und wurde 400 Jahre später auf friedlichem Wege von den Römern kolonisiert.

Seit frühester Zeit hatte das Veneto die Rolle einer Pufferregion zwischen den Zivilisationen Westeuropas und Asiens. Seine Beziehungen zu Byzanz waren weitaus intensiver als jene zu den benachbarten italischen Volksstämmen. Der Handel mit dem Orient entwickelte sich früh und im Jahre 1000 war Venedig bereits zu einer bedeutenden Seemacht geworden. Der rege Kontakt mit fernen Ländern führte dazu, dass sich Essgewohnheiten und typische Speisen der Handelspartner in Stadt und Land immer mehr verbreiteten. Hier liegt der Ursprung des charakteristischen Merkmals der venezianischen Küche, das den ebenso zahlreichen wie unterschiedlichen kulinarischen Traditionen der Region gemeinsam ist: die Gewürze. Alle venezianischen Provinzen beschränken sich in ihrer traditionellen Küche nicht nur auf die reichliche Verwendung von Pfeffer, sondern sparen auch nicht an Gewürznelken, Zimt und Muskat, die in Verbindung mit Zutaten wie Sultaninen aus Süßspeisen und pikanten Gerichten ganz unerwartete Kreationen entstehen lassen. Mit ihren Gewürzen verwandelt die venezianische Küche einfache Zutaten in raffinierte Gerichte, bei denen sich die Geschmacksrichtungen harmonisch ergänzen. So wird

Diese Ansicht von Venedig datiert aus dem Jahr 1600. Seither hat sich die Stadt nur wenig verändert – viele der damaligen Wahrzeichen sind bis heute erhalten.

Gegenüberliegende Seite: Die Kuppeln der Markuskirche im Zentrum von Venedig.

Unten: Die Insel San Giorgio in der Lagune von Venedig.

Die Rialto-Brücke in Venedig. Unbedingt empfehlenswert ist eine Stippvisite auf dem Rialto-Markt, wo alle Zutaten der venezianischen Küche angeboten werden: von Artischockenherzen bis zu küchenfertigen Fischen. Die Vielfalt an Fisch, Schalen- und Krustentieren ist überwältigend.

Ansicht des Canale Grande.

etwa *Pollastra in tecia con funghi* (s. Rezept S. 61) mit Zimt und Gewürznelken verfeinert und für *Insalata di gallina padovana* (s. Rezept S. 20), reibt man das Geflügel mit frisch zerstoßenen Gewürzen ein und bereitet es in einem Garbeutel zu. Die beliebte italienische Polenta ist ebenfalls ein wichtiger Bestandteil der venezianischen Küche und direkter Abkömmling des altrömischen *puls*, einem Brei aus verschiedenen gemahlenen Getreidesorten, die nach der Entdeckung Amerikas durch Mais ersetzt wurden. Aus der Serenissima stammende Händler führten den Mais vermutlich im 16. Jahrhundert aus Nordamerika nach Venetien ein, wo er bald von den Bewohnern angebaut wurde. Polenta aus Maismehl erwies sich als wohlschmeckender als Buchweizenpolenta, und so wurde Maispolenta vor allem für arme Leute bald zum Grundnahrungsmittel. Die Konsistenz von Polenta variiert von Ort zu Ort. In den Bergregionen wird sie durch Zugabe von Butter und verschiedenen Käsesorten schwerer und fester. Eine lockere Konsistenz verleiht man ihr dagegen in den küstennahen Gebieten, wo sie mit den dort typischen *luganega*-Würsten und weicher *sopressa* (geräucherte Wurst), aber auch mit Bohnen (*Polenta fasiolada*, s. Rezept S. 45) und anderen Gemüsesorten oder als Beilage zu Meeresfrüchten wie für *Seppie col nero* (s. Rezept S. 80) serviert wird. In Verona wird Polenta mit Wein zubereitet, an der Adriaküste geröstet zu gebratenem Fisch gegessen und in Vicenza bäckt man aus sehr fein gemahlenem Maismehl den köstlichen Kuchen *Pinza vicentina* (s. Rezept S. 101).
Auch der Reis ist in Venetien sehr beliebt. Nachdem er seinen Weg aus der arabischen Welt ins Po-Delta gefunden hatte, wurde der Reis rasch zu einem Hauptbestandteil der regionalen Küche, insbesondere in Venedig. Reis ist die ideale Beilage zu verschiedensten Gerichten: Suppen mit zarter Reiseinlage stärken Körper und Seele und sämige Risottos kombiniert man mit nahezu jeder Gemüsesorte, mit allen Meerestieren, die den Fischern im Adriatischen Meer und in den Lagunen ins Netz gehen, und auch mit Fleisch. Hervorragende Beispiele dafür sind *Risoto alla sbirraglia* (s. Rezept S. 46) und *Riso in cavroman*, ein ursprünglich aus der Levante stammendes Gericht, das mit einer Sauce aus Hammelfleisch zubereitet wird. *Risi e bisi* (s. Rezept S. 29) ist die wahrscheinlich bekannteste Spezialität der

Region, die deutlich auf östlichen Einfluss schließen lässt (in vielen griechischen und türkischen Städten entlang der östlichen Adria erfreuen sich ganz ähnliche Varianten von „Reis mit Erbsen" großer Beliebtheit).

Die Venezianer sind seit jeher Seefahrer gewesen und nutzen das Meer und die Nahrung, die es bietet, in jeder erdenklichen Form: gebratene Fische und Meeresfrüchte, in Fischbrühe gegart, *saor* (in süßsaurer Sauce), als Eintopf, Schmortopf oder in Risottos. Besonders geschätzte Schalentiere sind die *caparossoli*. Die ebenfalls beliebten Mollusken werden vor allem vor der Küste von Chiòggia und Polesine gefischt, wo die Fischer die Muscheln noch von Hand einsammeln. Ein typischer Fang besteht aus *peoci* (Muscheln), Seespinnen und *schie* (kleinen Krabben), die dann als *cicchetto*, also als mundgerechter Imbiss, an den Bars der örtlichen Osterias und Tavernen angeboten werden.

Erwähnung verdient in diesem Zusammenhang auch der Stockfisch, ohne Salz getrockneter Kabeljau, der in Venedig *baccalà* heißt und nur in dieser Region in eine unvergleichlich luftig-leichte, köstliche Mousse verwandelt wird. Die Venezianer sind dem Seefahrer Piero Querini, der den Stockfisch von den Lofoten mitbrachte, zu höchstem Dank verpflichtet. Er hätte sich wohl kaum träumen lassen, dass dieser Fisch, der im eisigen Wind des Nordens trocknet, bis er steif wie ein Brett ist, eines Tages in den meisten Regionen Italiens einen so wichtigen Platz im kulinarischen Repertoire einnehmen würde, dass das Land Jahr für Jahr nahezu 4000 Tonnen davon importiert.

Die Menschen in Venetien lieben Suppen, ob leicht oder deftig, während der Stellenwert der Pasta hier eher gering ist. Die traditionsreichste Pasta dieser Gegend sind *bigoli*, lange, grobe Vollkornspaghetti, die mit einem bronzenen, einem Drahtzieheisen ähnlichen Gerät geformt werden. Ihre Zubereitung ist in aller Regel Männersache, da das Kneten des sehr zähen Teiges harte Arbeit bedeutet. Zu *bigoli* wird gewöhnlich *salsa* (s. Rezept S. 32) serviert, eine scharfe Sauce aus Zwiebeln und Sardellen, die Vollkornspaghetti sind aber auch eine beliebte Beilage zu Ente (s. Rezept S. 31) oder *Rovinazzi*, einem Ragout aus Geflügelinnereien.

Die Fischmärkte in Venedig bieten eine große Auswahl an frischem, von örtlichen Fischern gefangenem Fisch und jede nur erdenkliche Art von Meerestieren.

Der alljährliche Gondelwettkampf, die regata storica, macht durstig. Eine Flasche mit venezianischem Weißwein ist da sehr willkommen.

Veneto
ITALIEN
Belluno
Treviso
Vicenza
Verona
Padua
VENEDIG
ADRIATISCHES MEER
Rovigo

Venedig, die Stadt der Dogen und einst feudale „Serenissima", liegt in der Lagune vor dem Festland, wo sie als uneingeschränkte Herrscherin über dem Wasser thront, auf dem sie errichtet wurde. Das Wasser ist zweifellos die Seele dieser Stadt, der Schriftsteller wie Goethe und Mann ihre Reverenz erwiesen und die in Gemälden von Canaletto und Francesco Guardi verewigt wurde. Der Besucher sollte sich Venedig vom Wasser her nähern, mit der Gondel durch die *rii* (die schmalen Kanäle) gleiten, vom Markusplatz zum Canal Grande, unter der Rialto-Brücke hindurch zum Haus des Asien-Reisenden Marco Polo, vorbei am Malibran-Theater, der Kirche Santa Maria dei Miracoli und den Mercerie. Anschließend schlendert man durch die engen *calli* (Gassen) der Stadt, bewundert die vielen Innenhöfe und kleinen Plätze und legt hier und da eine kleine Pause ein, um einen Imbiss einzunehmen. Ideal geeignet sind dafür die vielfältigen *cicchetti,* die aus Sardinen, *caparossoli*-Muscheln oder anderen Fischen und Meeresfrüchten aus der Lagune zubereitet werden. Dabei sollte man sich auf keinen Fall *Granseola alla veneziana* (Seespinne Venezianische Art s. Rezept S. 16) entgehen lassen, ebenso wenig wie den legendären und einzigartigen *Baccalà mantecato* (s. Rezept S. 57), Stolz und Freude der Küche dieser Provinz.

Verona, die zweitgrößte Stadt der Region Venetien, ist eine der reichsten Städte Italiens. Ihr Ursprung geht auf das erste Jahrhundert vor Christus zurück und ihre geographische Lage zwischen Venedig und der Lombardei wies ihr von Anfang an eine Vermittlerrolle zwischen den Regionen zu – auch in kulinarischer Hinsicht. Idealer Start für einen Stadtrundgang ist die Piazza delle Erbe mit ihrem bunten Markttreiben. Von dort aus bietet sich ein Spaziergang zur Piazza dei Signori an, wo der prächtige Palazzo della Ragione steht. Jedes Jahr feiert man hier in Anwesenheit von König Papà Gnocco (Papa Klößchen), der als Symbol der Veroneser Küche den Bauch voller *gnocchi* hat, das Ende des Karnevals von San Zeno. Die zumeist aus Kartoffeln und Mehl hergestellten *gnocchi* waren einst die klassische Beilage zu *Pastizzada de caval* (Pferdefleischpastete) und sind ein Vermächtnis der gothischen und lombardischen Eroberer. Der Rückweg durch die Via Cappello führt am Haus der Julia vorbei, das nach wie vor Ziel romantischen Pilgertums ist (jedes Jahr

Ein Besuch in Venedigs Cafè Florian sollte man nicht auslassen. Bei einer Tasse heißer Schokolade oder Kaffee bewundert man die schöne Ausstattung mit Spiegel und Stuck.

Das ruhig-elegante Verona erstreckt sich zwischen zwei Flussschleifen des Adige. Berühmt wurde es durch sein römisches Amphitheater und das Shakespeare-Liebespaar Romeo und Julia.

Die reizende Stadt Padua lohnt einen Besuch: Es locken Sehenswürdigkeiten wie die Basilika San Antonio und die wunderschönen mittelalterlichen Plätze Piazza delle Erbe und Piazza dei Signori.

In Vicenza, der Stadt der Künste, konnte sich das neoklassizistische Genie Palladios vollkommen entfalten, was seine herrliche Basilika, die Paläste entlang des Corso Palladio und diese meisterhafte Holzbrücke bezeugen.

treffen nahezu 4000 Briefe ein, die an die legendäre Figur adressiert sind). Berühmt ist Verona auch für den Weihnachtskuchen *Pandoro* (s. Rezept S. 106). Eine weitere Spezialität ist *bollito misto* (eine Mischung verschiedener gekochter Fleischsorten), der mit *pearà* serviert wird, einer noch aus den Zeiten der Renaissance überlieferten Sauce aus Semmelbröseln, Rindermark, Butter und viel schwarzem Pfeffer. Isola della Scala, ein in den Ebenen der Provinz gelegener Marktflecken, ist die Heimat des *vialone nano*, einer speziellen Sorte Rundkornreis, die sich hervorragend für Risottos eignet. Verona ist auch Ausstellungsort der jährlich stattfindenden Vinitaly, der größten Weinmesse Italiens, auf der die Weinindustrie den am meisten angebauten Wein der Gegend, Valpolicella, bestens präsentieren kann.

Das lebhaft-geschäftige **Padua** wurde vermutlich auf einer Insel in der Mitte des Flusses Bacciglione gegründet. Dank seiner Universität Ateneo gehörte Padua seit 1222 zu den kulturellen Mittelpunkten Europas. Mit den Giotto-Fresken in der Cappella degli Scrovegni und verschiedenen Werken von Donatello und Mantegna gilt Padua als eine der Hauptstädte der italienischen Kunst des 14. und 15. Jahrhunderts. Das Umland war einst berühmt für seine legendären, heute jedoch nicht mehr erhältlichen Padovaner Hühnchen, eine besonders schmackhafte Bereicherung des *Bollito misto*, und für das Züchten von Gänsen, die in der traditionellen jüdischen Küche eine große Rolle spielen. Um die köstliche, mit Schokolade überzogene *Torta pazientina* aus Marzipan und Zabaglione zu probieren, sollte man am besten das Cafè Pedrocchi aufsuchen. In der hügeligen Gegend Berico Euganei entsteht hervorragender luftgetrockneter Schinken, dessen Qualität von Venetiens *consorzio del prosciutto* (Verband der Schinkenproduzenten) garantiert wird.

Vicenzas kulinarisches Leben ist das wahrscheinlich bunteste der gesamten Region, angefangen vom *Baccalà alla vicentina* bis hin zum *Cappone in canavera*, nicht zu vergessen die *Pinza vicentina* aus feinst gemahlenem Maismehl und *Bussolà* (mit Zucker bestreutes Hefegebäck). Die Stadt profitiert von dem erstklassigen Gemüse, das im Umland angebaut wird: Spargel aus Bassano del Grappa und Erbsen aus Limignano. Auch der vorzügliche Käse aus Asiago muss unbedingt erwähnt werden.

Das fruchtbare Flachland um **Treviso,** bekannt als *marca trevigiana*, verdient auch heute noch seinen poetischen Beinamen „heitere *marca*". Von hier stammt der allseits geschätzte *Radicchio trevigiano*, eine mit dem Chicorée verwandte, violettrote Salatsorte, die nur in acht Gemeinden der Provinz angebaut wird und ein Produkt des experimentierfreudigen Garten-Designers Franz van den Borre ist. Auch der mehrfarbige *Radicchio di Castelfranco* ist ein schmackhaftes und vielseitiges Gemüse. Ein ebenfalls typisches Produkt der Gegend ist *luganega*, eine frische Wurst aus mit Pfeffer und Zimt gewürztem zerkleinerten Schweinebauch, die bereits im 14. Jahrhundert durch einen Erlass des *podestà* (einer Art Bürgermeister) vor unwürdigen Nachahmern geschützt wurde.

Belluno liegt am Zusammenfluss des Piave mit dem Flüsschen Ardo. Die Küche dieser Provinz, die im Norden an die Alpenregion der Dolomiten stößt, wird von typischen Speisen der Bergwelt bestimmt: Wild in allen Variationen und wild wachsende Pilze mit Polenta. Aus Kuhmilch werden so exzellente Käsesorten wie Montasio oder *schiz* hergestellt, den man gebraten zu Polenta serviert. Auch die köstlichen roten Lamon-Bohnen, die in vielen Suppen und anderen Gerichten Verwendung finden, stammen aus dieser Gegend.

Rovigo ist die Hauptstadt der Provinz Polesine. Seit dem frühen 15. Jahrhundert ist sie Festungsstadt und im Besitz der Familie d'Este. In den Zeiten der faschistischen Regierung wurde der Fluss Adigetto unterirdisch weitergeführt, was das Bild der Stadt nachhaltig veränderte. In der Vergangenheit fungierte Rovigo als Verknüpfungspunkt und Schmelztiegel der kulturellen Strömungen aus Venedig und, in noch stärkerem Maße, aus Ferrara, was insbesondere für die Küche galt. Zu den Spezialitäten dieser Gegend zählen *Bisato alla polesana* (Aal mit weißer Polenta), Federwildgerichte und Tortelli mit *misurin*, einer Wildentensauce.

Ein Café in Treviso, einer freundlichen Stadt mit viel Wasser: kreuz und quer von Kanälen durchzogen, umspült von dem Fluss Sile und umgeben von sanft geschwungenen Hügeln. Das nahe Asolo bietet einen grandiosen Blick über dieses herrliche Panorama.

Die Dolomiten dienen der Stadt Belluno als beeindruckende Kulisse.

Antipasti

Die venezianische Küche bietet eine verheißungsvolle Vielzahl verführerischer Antipasti. In Venedig bestehen kleine Imbisse vor allem aus Meerestieren wie Krebsen, Krabben und Muscheln. Die Vorspeisen sind einfache Gerichte, die von der erstklassigen Qualität der Produkte und der Frische des Fangs leben, der in den frühen Morgenstunden aus dem Wasser geholt wird. Sie eignen sich perfekt als Appetitanreger oder Begleiter zu einem Glas der ausgezeichneten Weine dieser Provinz. Im Landesinneren basieren Vorspeisen oft auf der süßsauren Sauce *saor* oder locken mit köstlich mariniertem Gemüse.

Zucca marinata

Marinierter Kürbis

Für 6 Personen
Vorbereitungszeit: 20 Minuten
Garzeit: 15 Minuten + 12 Stunden zum Marinieren
Schwierigkeitsgrad: einfach

1 kg Kürbis (etwa Riesen- oder Hubbarel-Kürbis)
100 g Mehl
Öl zum Braten
250 ml Rotweinessig
1 Knoblauchzehe
Salz nach Geschmack
Frisch gemahlener schwarzer Pfeffer
1 Zweig frischer Rosmarin, fein gehackt

Den Kürbis schälen, Kerne und faserigen Mittelteil entfernen. Kürbisfleisch in 1 cm dicke Scheiben schneiden. • Die Kürbisscheiben kurz im Mehl wenden und in viel heißem Öl von beiden Seiten goldbraun braten. Auf Küchenpapier abtropfen lassen. • Den Rotweinessig mit der Knoblauchzehe in einen kleinen Topf geben und aufkochen. Mit Salz und Pfeffer würzen. • Die gebratenen Kürbisscheiben mit etwas Salz bestreuen und in eine flache Form mit geraden Seiten schichten. Mit Pfeffer und Rosmarin bestreuen. • Die Kürbisscheiben mit dem Essig übergießen, die Form mit Frischhaltefolie abdecken und vor dem Servieren mindestens 12 Stunden marinieren lassen.

In früheren Zeiten wurden in den Straßen Venedigs gebratene orangegelbe Stücke zucca barucca, wie eine Kürbissorte mit knotiger Schale im venezianischen Dialekt genannt wird, angeboten. Mit Zucker bestreut, waren sie vor allem bei den Kindern beliebt.

Für 6 Personen
Vorbereitungszeit: 20 Minuten
Garzeit: 7-10 Minuten
Schwierigkeitsgrad: relativ einfach

6 kleinere Seespinnen
Salz nach Geschmack
Frisch gepresster Saft von 1 Zitrone
2 EL natives Olivenöl extra
2 EL fein gehackte frische Petersilie
Frisch gemahlener weißer Pfeffer

Empfohlener Wein: ein trockener aromatischer Weißwein (Bianco di Custoza)

Granseola alla veneziana

Seespinne Venezianische Art

Die Seespinnen unter fließendem kaltem Wasser mit einer festen Bürste reinigen, mit viel Wasser abspülen. • Gesalzenes Wasser zum Kochen bringen, Seespinnen hineingeben und 7-10 Minuten garen. Die Spitze eines stabilen Messers an der Unterseite der Seespinnen unmittelbar unterhalb der Augen ansetzen und den Mittelteil des unteren Panzers entfernen. Die rötlichen Panzeroberhälften dienen später als Servierschalen. • Das Fleisch ganz herauslösen, die leicht grauen, federartigen Kiemen entfernen, die Corail (den Rogen) aufheben. Das weiße Fleisch klein schneiden. • Die harte Schale der Beine und Scheren mit einer Hummerzange oder einem Nußknacker aufbrechen und das Fleisch auslösen. • Zitronensaft, Öl, Petersilie sowie reichlich frisch gemahlenen Pfeffer und Salz in einer Schüssel zu einem Dressing vermischen. • Die leeren Schalenoberseiten auswaschen, trocknen und umgedreht auf einen Servierteller setzen. Das Fleisch hineingeben und mit der Corail garnieren. Mit dem Dressing beträufeln und servieren.

Von allen Krabbenarten, die aus Venedigs Salzwasserlagunen gefischt werden, ist die Seespinne die begehrteste. Ihr überaus delikater Geschmack macht aufwendige Rezepte überflüssig. Auch andere Vertreter aus der Familie der Krabben lassen sich auf diese Weise zubereiten.

Für 5-6 Personen
Vorbereitungszeit: 20 Minuten
Garzeit: 5 Minuten
Schwierigkeitsgrad: einfach

1 kg rohe mittelgroße oder große Garnelen
Salz nach Geschmack
2 EL natives Olivenöl extra
Frisch gepresster Saft von 1 Zitrone
2 EL fein gehackte frische Petersilie
Frisch gemahlener schwarzer Pfeffer

Empfohlener Wein: ein leichter trockener Weißwein (Breganze Pinot Bianco)

Canocchie

Garnelen mit Olivenöl und Zitronensaft

Die Garnelen unter fließendem kaltem Wasser gründlich spülen. Einen großen Topf zu drei Vierteln mit gesalzenem Wasser füllen und zum Kochen bringen. Alle Garnelen auf einmal hineingeben. Sobald das Wasser wieder aufkocht, die Garnelen abseihen und auf einer Platte abkühlen lassen. • Mit einer spitzen, scharfen Schere die oberen Schalen auf den Garnelenrücken aufschneiden und wegwerfen. Die Köpfe und Schwänze nicht entfernen. • Die Garnelen auf einer großen Platte anrichten. Mit Olivenöl und Zitronensaft beträufeln. Mit Petersilie bestreuen, mit Salz und Pfeffer würzen und servieren.

Traditionell wird dieses Gericht mit Heuschreckenkrebsen zubereitet, die ausschließlich im Adriatischen Meer vorkommen. Ihr zartes Fleisch schmeckt charakterischtisch süß.

Pesciolini in saor

Süßsauer marinierter Baby-Fisch

Für 6 Personen
Vorbereitungszeit: 30 Minuten
Garzeit: 40 Minuten + 2 Tage zum Marinieren
Schwierigkeitsgrad: einfach

1 kg Baby-Fische (siehe unten)
250 g Mehl
Färberdistelöl oder Sonnenblumenöl zum Braten
Salz nach Geschmack
125 ml natives Olivenöl extra
500 g weiße Zwiebeln, in sehr dünne Scheiben geschnitten
500 ml Rotweinessig

Die kleinen Fische unter kaltem fließendem Wasser waschen und gründlich trocken tupfen. Kurz im Mehl wenden. ◆ In einer großen (vorzugsweise gusseisernen) Pfanne das Öl zum Braten erhitzen. Den Fisch im sehr heißen Öl portionsweise hellbraun braten. Mit einem Schaumlöffel aus der Pfanne nehmen und auf Küchenpapier abtropfen lassen. Mit etwas Salz würzen. ◆ Das gebrauchte Öl weggießen und das Olivenöl in die Pfanne gießen. Die Zwiebeln hineingeben und bei nicht zu großer Hitze sehr weich braten. ◆ Die Zwiebeln mit dem Essig ablöschen, mit einer Prise Salz würzen und weitere 10 Minuten garen. Vom Herd nehmen. ◆ Die Fische und die Zwiebeln abwechselnd in eine flache Form schichten, mit dem Essig übergießen. ◆ Mit Frischhaltefolie abdecken und vor dem Servieren an einem kühlen Ort 2 Tage marinieren lassen.

Empfohlener Wein: ein leichter trockener Weißwein (Soave)

Die traditionell verwendeten Fische sind ganz junge Seezungen, Seehechte, Aale, Meerbarben und Sardellen. Stattdessen können aber auch Sprotten, kleine Heringe und Baby-Sardinen – jeweils eine Sorte oder gemischt – verwendet werden.

Insalata di gallina padovana

Geflügelsalat Padovaner Art

Für 6 Personen
Vorbereitungszeit: 30 Minuten
Garzeit: 1 Stunde
Schwierigkeitsgrad: relativ einfach

2 kg Poularde oder Suppenhuhn, aus Freilandzucht, küchenfertig
1/2 Zwiebel, in dünne Scheiben geschnitten
1 Knoblauchzehe
1 Stange Bleichsellerie, in kleine Stücke geschnitten
1 Möhre, grob geraspelt
15 schwarze Pfefferkörner
Grobes Meersalz, nach Geschmack
4-5 Gewürznelken
4-5 Koriandersamen
1 Zimtstange
3/4 TL Kreuzkümmel
Muskatnuss, frisch gerieben
1 Bratbeutel, ausreichend groß für die Poularde (nach Belieben)
1 kurzes, hohles Schilfrohr
Salz nach Geschmack
300 g junger grüner Salat
200 g grüne Bohnen, gegart
3 EL Balsamessig
4 EL natives Olivenöl extra
30 große, weiche, goldbraune Sultaninen
1 großes Stück kandierte Zitronenschale, in Julienne geschnitten

Empfohlener Wein: ein leichter trockener Weißwein (Colli Berici Chardonnay)

Die Poularde von innen und außen gründlich waschen, mit Küchenpapier trocken tupfen. • Zwiebel, Knoblauch, Sellerie, Möhre, Pfefferkörner und eine kräftige Prise grobes Meersalz in die Bauchhöhle füllen. • In einem Mörser Gewürznelken, Koriander, Zimt und Kreuzkümmel zerstoßen. Mit Muskat vermischen und die Poularde rundum damit würzen. • Zum Garen im Beutel das Geflügel behutsam mit dem Halsende voran in den Beutel schieben, die Beutelenden um das Schilfrohr legen und fest zubinden. Durch das Rohr kann die heiße Luft entweichen. • Den gefüllten Beutel mit dem Schilfrohr nach oben an einem Spieß befestigen. Den Spieß über einen tiefen, schmalen Topf legen, in den der Beutel genau hineinpasst. So viel Wasser in den Topf füllen, dass die Poularde bedeckt ist. Der Beutel darf den Topfboden nicht berühren und das Schilfrohr sollte aus dem Wasser ragen. (Alternativ kann die Poularde auch auf herkömmliche Weise bei sehr schwacher Hitze mit der Brust nach oben in Wasser gegart werden.) Das Wasser kräftig salzen und das Geflügel im Beutel bei schwacher Hitze etwa 1 Stunde garen. • Die Poularde entbeinen und auf einer Servierplatte auf einem Bett aus grünem Salat und grünen Bohnen dekorativ anrichten. • Balsamico, Öl und etwas Fleischsaft aus dem Garbeutel zu einem Dressing verschlagen. • Das Geflügel mit Sultaninen und Zitronenschale garnieren. Mit dem Dressing beträufeln und servieren.

Das Geflügel im Beutel zu garen, geht auf die traditionelle Garmethode in einer Schweineblase zurück. Ein Stück Schilfrohr diente dabei als Abzug.

Il Cicchetto: Venedigs Osterien

Ein Venezianer, der auf sich hält, findet im Laufe eines Tages bestimmt einmal Gelegenheit, den nächsten *bacaró* oder die nächste Osteria aufzusuchen. In diesen traditionellen Gasthäusern der Stadt, die auch Wein verkaufen, trifft man sich auf ein Gläschen Wein zu einem Schwatz, nimmt mittags oder am Abend vor dem Kinobesuch einen kleinen Imbiss zu sich. Venedigs Osterien halten der Konkurrenz durch Schnellimbisse, die *panini* und Pizza anbieten, unvermindert stand. Die Menschen schätzen die herzliche Atmosphäre, in der sie sich zu beinah jeder Tageszeit treffen können. Fischer gehörten einst zu den häufigen Gästen der Osterien, und so stehen Meerestiere auch heute noch regelmäßig auf dem Speiseplan. Die gereichten Weine sind spritzig und von guter Qualität. Außerhalb Venedigs findet man die Osterien entlang der alten Handelsstraßen, und das Angebot der *cicchetti* (Snacks) ist hier ebenso vielfältig wie in Venedig: ob hausgemachte *soppressa* (eine sehr weiche Salami), gebratene oder geschmorte *castraure* (sehr junge Artischockenherzen), frittierte Zucchiniblüten im Teigmantel, junger Octopus und Gemüse in süßsaurer Sauce, Schweinefuß mit Wirsing, marinierter Kürbis, Bohnen mit traditionellem Dressing oder hartgekochte Eier. All dies kann man in freundlicher Atmosphäre zu einem spritzigen Wein genießen.

Natürlich wird die Küche venezianischer Osterien von Fischgerichten bestimmt. Denn einst waren Fischer die häufigsten Gäste, fanden sich hier zu lautstarken Gesprächen und zum Kartenspiel ein. Heute erscheint es eher ungewöhnlich, dass diese Fischer früher auf einen ganz bestimmten Fang spezialisiert waren: Die capologanti *fingen ausschließlich Heuschreckenkrebse, die* goanti *wiederum nur Meergrundeln, die* gransarioi *konzentrierten sich auf Seespinnen,* sardelanti *fischten Sardinen und* molecanti *ganz gewöhnliche Krabben.*

In den meisten Osterien gibt es einen abgetrennten Bereich, wo gegessen wird, sowie einige ungedeckte Tische (meist in der Nähe der Bar beim oste *oder Wirt), an denen sich häufige Gäste oder gelegentliche Besucher zu einem Glas Wein und den angebotenen* cicchetti *(Snacks) einfinden. In Venedig bedeutet das Wort* cicchetto *nicht dasselbe wie im restlichen Italien – nämlich ein kleines Glas eines alkoholischen Getränks –, sondern meint etwas zu essen, das den Geschmack des Weins unterstützt und den Gaumen verwöhnt. Alles ist fertig angerichtet und die Auswahl reicht von gebratenem Fisch über Sardinen in süßsaurer Sauce, jungen Octopus und Tintenfisch, pürierten Stockfisch zu geröstetem Brot oder Polentastreifen bis zu Omelett und einer schier unglaublichen Vielfalt an perfekt zubereiteten Schalentieren.*

Wer Venedigs enge Gassen (die so genannten calle*) entlangschlendert, sollte nach diesen traditionellen Gasthäusern Ausschau halten. Hier kann man Venedigs beste traditionelle Küche kosten und der typischen Lebensart der Venezianer begegnen. Allzu viele Osterien gibt es heute leider nicht mehr, doch lassen sie sich schnell ausfindig machen. Manche, etwa die „Codroma", sind von historischer Bedeutung: Wurde diese Osteria doch zu Beginn des 20. Jahrhunderts gegründet und besitzt immer noch die Originalausstattung. „Ai do Draghi" in Campo Santa Margherita wird inzwischen hauptsächlich von Studenten besucht. Die „Cantina do Mori" gehört zu den ältesten Osterien und verfügt über eine Auswahl guter Weine.*

Peverasse in bianco

Muscheln in Weißwein

Für 6 Personen
Vorbereitungszeit: 20 Minuten
Garzeit: 15 Minuten
Schwierigkeitsgrad: einfach

1,2 kg sehr frische kleine Muscheln
125 ml natives Olivenöl extra
2 Knoblauchzehen, geschält und leicht zerdrückt
250 ml trockener Weißwein
2 EL fein gehackte frische Petersilie
Frisch gemahlener schwarzer Pfeffer

Empfohlener Wein: ein trockener Weißwein (Breganze Pinot Grigio)

„Peverasse" bezeichnet im venezianischen Dialekt kleine Muscheln, die zur Familie der Venusmuscheln gehören. Noch beliebter sind die „caparossoli" derselben Familie. Für dieses Rezept kann jede Art von kleinen Muscheln verwendet werden. Zuvor müssen sie jedoch einige Stunden in reichlich sehr kaltem gesalzenem Wasser gewässert werden. Das Wasser 2-3-mal erneuern, damit der Sand ganz ausgewaschen wird. Auch Miesmuscheln können so zubereitet werden.

Die Muscheln mit einer Bürste von Tang und Schmutz befreien und „wässern" (siehe unten). • Gut abtropfen lassen und mit Öl und Knoblauch in einen großen Topf geben. Deckel fest schließen und bei starker Hitze 8-10 Minuten garen, bis sich alle Muscheln geöffnet haben, dabei den Topf ab und zu schwenken. Geschlossene Muscheln wegwerfen. • Wein, Petersilie und frisch gemahlenen Pfeffer hinzufügen und weitere 5 Minuten köcheln lassen. Heiß servieren.

Für 6 Personen
Vorbereitungszeit: 30 Minuten
Garzeit: 20 Minuten
Schwierigkeitsgrad: einfach

300 g frische Pilze (Steinpilze, weiße Champignons oder gemischt)
60 g Butter
1 EL Weinbrand
200 ml süße Sahne
100 g halbfester, leicht schmelzender Käse (Stracchino, Robiola oder eine andere Sorte)
1 kleine weiße Trüffel, nach Möglichkeit frisch
12 Scheiben Weißbrot, geröstet

Empfohlener Wein: ein trockener Rotwein (Colli Euganei Rosso)

Crostini di funghi al tartufo

Sahnepilze auf Röstbrot

Die Pilze gründlich säubern und mit einem Wiegemesser oder einem großen Küchenmesser grob hacken. • Die Butter in einer Pfanne erhitzen und die Pilze in kleinen Portionen hineingeben, damit die austretende Flüssigkeit besser einkochen kann. Unter gelegentlichem Rühren weich braten. • Weinbrand darüber träufeln und verdampfen lassen. • Die Sahne in einem kleinen Topf erhitzen. Den Käse hineingeben und bei geringer Hitze unter Rühren schmelzen. • Haben sich Käse und Sahne gleichmäßig vermischt, den Topf vom Herd nehmen und die Pilze und die geriebene Trüffel einrühren. • Die Mischung auf den gerösteten Brotscheiben verteilen, noch heiß servieren.

Sind frische Trüffel nicht erhältlich, bietet Trüffelpaste einen guten Ersatz.

Patè di fegato

Leberpastete

Für 6 Personen
Vorbereitungszeit: 20 Minuten + 2-3 Stunden zum Kühlen
Schwierigkeitsgrad: einfach

125 ml natives Olivenöl extra
625 g weiße Zwiebeln
625 g Kalbsleber
Salz
Frisch gemahlener schwarzer Pfeffer
2 EL fein gehackte frische Petersilie
500 g Butter

Empfohlener Wein: ein leichter trockener Rosé (Bardolino chiaretto)

Die Leber zubereiten. Dabei wie in dem Rezept für „Kalbsleber Venezianische Art" auf Seite 60 vorgehen. • Die Leber-Zwiebel-Mischung sehr fein hacken, dann die Butter mit einem Holzlöffel gründlich untermischen, bis eine geschmeidige Masse entsteht. • Die Pastete in eine Form füllen und vor dem Servieren für 2-3 Stunden in den Kühlschrank stellen.

Dieses ausgesprochen delikate Gericht überzeugt durch seine einfache Zubereitung und ist wahrscheinlich die traditionelle Resteverwertung des *Fegato alla veneziana* – Kalbsleber Venezianische Art. Um das Stürzen der Pastete zu erleichtern, die Form mit Frischhaltefolie auskleiden.

Primi piatti

Obwohl in Venetien kein Mangel an Rezepten für kräftige Tagliatelle- und andere Pastagerichte herrscht, ist die Region im Grunde ein Land der Risottos, Suppen und *minestre*, deren wesentlicher Bestandteil der Reis ist. Venezianische Köche servieren Risottos meist *all'onda*, das heißt etwas flüssiger, als man sie üblicherweise kennt. Polenta ist der zweite Schwerpunkt bei Gerichten für den ersten Hauptgang. Sie kann weiß oder gelb sein, manchmal fest, meist aber nahezu dünnflüssig, und sie wird zu allen Arten von Gemüse, Fleisch, Käsesaucen und anderen Gerichten gereicht. Am folgenden Tag kann die kalte, erstarrte Polenta in Scheiben geschnitten und in Olivenöl angebraten werden.

Risi e bisi

Reis mit Erbsen

Für 6 Personen
Vorbereitungszeit: 30 Minuten
Garzeit: 50 Minuten
Schwierigkeitsgrad: einfach

1,3 kg sehr frische junge Erbsen in Schoten
500 ml Gemüsebrühe aus Brühwürfeln
100 g Butter
60 g italienische *pancetta* oder durchwachsener Speck, in Würfel geschnitten
1 Zwiebel, fein gehackt
500 g italienischer Risottoreis (Arborio)
125 ml trockener Weißwein
100 g Parmesan, frisch gerieben
Salz
Frisch gemahlener schwarzer Pfeffer
2 EL fein gehackte frische Petersilie

Empfohlener Wein: ein leichter trockener Weißwein (Soave)

Die Erbsen palen und beiseite stellen. Die leeren Schoten gründlich waschen und in gesalzenem Wasser 20-30 Minuten garen. Abseihen und durch ein feines Sieb streichen. • Das Schotenpüree in einem großen Topf mit der Brühe verrühren und warm halten. • Zwei Drittel der Butter in einem Topf mit schwerem Boden zerlassen. Die *pancetta* und die fein gehackte Zwiebel in der Butter anbraten. Den Reis hinzufügen, 2-3 Minuten unter ständigem Rühren braten. Mit dem Wein ablöschen. • Ist der Wein eingekocht, die Erbsen dazugeben und weitere 2-3 Minuten mitgaren. Die Hälfte der Brühe angießen. • Unter häufigem Rühren nach und nach die restliche Brühe dazugießen, bis der Reis die gesamte Flüssigkeit aufgenommen hat und weich, aber bissfest ist. Er sollte noch sehr feucht sein. Vom Herd nehmen. • Die restliche Butter und den Parmesan unter den Reis mischen, mit Salz und Pfeffer abschmecken. Mit etwas Petersilie bestreuen und servieren.

Dieses Gericht wurde dem Dogen, dem Regenten Venedigs, traditionell am 25. April, dem Tag des Heiligen Markus, serviert. In Ländern wie Griechenland, der Türkei und dem Libanon (einst alle vom Stadtstaat Venedig beherrscht) erfreut es sich bis heute großer Beliebtheit. Ursprünglich würzte man den Reis mit Anissamen.

Bigoli con l'anatra

Vollkornspaghetti mit Ente

Für 6 Personen
Vorbereitungszeit: 40 Minuten
Garzeit: $1^1/_4$ Stunden
Schwierigkeitsgrad: anspruchsvoll

Für die Pasta:
400 g Vollkornweizenmehl
Salz nach Geschmack
4 Eier
60 ml kaltes Wasser

Für die Sauce:
1 junge Ente, mit Leber und Herz
Salz
1 Zwiebel
1 Stange Bleichsellerie
1 Möhre
60 ml natives Olivenöl extra
75 g Butter
2-3 frische Salbeiblätter, zerpflückt
Frisch gemahlener schwarzer Pfeffer
Etwas Parmesan, frisch gerieben

Empfohlener Wein: ein trockener Weißwein (Tocai di Lison)

Das Mehl mit dem Salz auf die Arbeitsfläche oder in eine große Rührschüssel sieben. In die Mitte eine Mulde drücken, die Eier hineingeben. Das Mehl vom Rand mit den Händen oder einer Gabel mit den Eiern verkneten, dabei nach und nach so viel Wasser zugeben, dass ein glatter, elastischer Teig entsteht. Mit einem feuchten Tuch abdecken und 30 Minuten ruhen lassen. • Für die dicken spaghettiförmigen Bigoli den Teig durch eine elektrische oder handbetriebene Nudelmaschine pressen. (Die Venezianer verwenden ein spezielles, einer Passiermaschine ähnliches Gerät, bei dem der Teig durch eine Scheibe mit dicken Löchern gedrückt wird. Die Nudeln legt man auf einem bemehlten Brett zum Trocknen aus.) • Die Ente waschen und trocken tupfen. In einen großen Topf legen und Wasser dazugießen, bis die Ente ganz bedeckt ist. Eine Prise Salz, die Zwiebel, den Sellerie und die Möhre hinzufügen. Zum Kochen bringen, 1 Stunde bei schwacher Hitze garen. • In der Zwischenzeit Leber und Herz grob hacken und bei starker Hitze in Öl und Butter kurz anbraten. Sobald sie leicht gebräunt sind, die Salbeiblätter und etwas Salz hinzufügen und großzügig mit Pfeffer würzen. • Die fertig gegarte Ente aus dem Topf nehmen und die Brühe durch ein Sieb abgießen. • Die Pasta in der Brühe 5-7 Minuten garen, abseihen und mit den gebratenen Innereien, Öl, Butter und reichlich Parmesan vermischen.

Die aus Weizenvollkornmehl hergestellten Bigoli sehen aus wie sehr dicke Spaghetti. Anstelle des traditionellen *bigolaro* kann auch eine elektrische oder handbetriebene Nudelmaschine verwendet werden. Dieses Rezept eignet sich außerdem für andere – frisch zubereitete oder fertige Pastasorten aus Vollkornmehl (fertig gekaufte Pasta muss etwas länger gegart werden).

Für 6 Personen
Vorbereitungszeit: 1 Stunde
Garzeit: 30 Minuten
Schwierigkeitsgrad: relativ einfach

Bigoli in salsa

Vollkornspaghetti mit Sardellen und Zwiebeln

1 Portion Bigoli (Spaghetti aus Vollkornweizen - siehe Rezept Seite 31)
200 g Sardellen in Salzlake
100 ml natives Olivenöl extra
3 große weiße Zwiebeln, in dünne Scheiben geschnitten
Frisch gemahlener schwarzer Pfeffer
Salz
2 EL fein gehackte frische Petersilie

Empfohlener Wein: ein trockener Rotwein (Colli Berici Cabernet)

Die Bigoli nach den Rezeptangaben vorbereiten. Die Arbeitsfläche mit Mehl bestreuen und die Nudeln darauf zum Trocknen auslegen. • Die Sardellen gründlich abspülen, entgräten und grob hacken. • Das Öl in einer großen Pfanne erhitzen und die Zwiebeln hineingeben. Bei mittlerer Hitze weich braten, eventuell 1–2 EL Wasser zugeben, damit die Zwiebeln nicht braun werden. • Die Sardellen hinzufügen und stark erhitzen. Mit einer Gabel oder einem Holzlöffel zerdrücken, bis sie sich mit dem Öl verbinden. Mit reichlich Pfeffer würzen. • In einem großen Topf Wasser mit wenig Salz zum Kochen bringen und die Bigoli darin 5-7 Minuten garen. Abtropfen lassen und mit den Zwiebeln, dem Öl und der Sardellensauce vermischen. Mit Petersilie bestreuen und servieren.

Dieses Gericht war früher eine typische Fastenmahlzeit für Tage wie den Weihnachtsabend, Aschermittwoch und Karfreitag. Heute wird es von Feinschmeckern geschätzt. Für eine Variante 100 g gut abgetropften Thunfisch hinzufügen.

Panada

Pikanter Brotpudding

Das Brot in Scheiben schneiden und in eine feuerfeste Form oder in einen Topf legen. Mit Brühe übergießen, bis das Brot ganz bedeckt ist. Mit Zimt bestreuen und mit 2 EL Öl beträufeln und 40 Minuten stehen lassen. • Bei schwacher Hitze heiß werden lassen und unter häufigem Rühren etwa 40 Minuten garen, bis eine geschmeidige Masse entsteht. • Den Parmesan hinzufügen, mit etwas Salz würzen. Gut umrühren, mit dem restlichen Öl beträufeln und servieren.

Für 6 Personen
Vorbereitungszeit: 5 Minuten
+ 40 Minuten zum Einweichen
Garzeit: 40 Minuten
Schwierigkeitsgrad: einfach

500 g Weißbrot, 2-3 Tage alt
$1^1/_2$ l Rinderbrühe (selbst zubereitet oder aus Brühwürfeln)
1 Prise gemahlener Zimt
3 EL natives Olivenöl extra
125 g Parmesan, frisch gerieben
Salz nach Geschmack

Empfohlener Wein: ein leichter trockener Weißwein (Verduzzo del Piave)

Dieses Gericht aus Brotresten wird traditionell in der Fastenzeit serviert. Für eine appetitliche goldbraune Kruste die offene Form bei 210 °C (Umluft 190 °C) für kurze Zeit in den heißen Ofen stellen.

Casumzieei ampezzani

Ravioli mit Rote-Bete-Füllung

Für 6 Personen
Vorbereitungszeit: 1 Stunde
Garzeit: 20 Minuten
Schwierigkeitsgrad: anspruchsvoll

Für die Pasta:
500 g Mehl
5 Eier
2 EL lauwarmes Wasser
Salz nach Geschmack

Für die Füllung:
1 kg Rote Beten, gegart
Salz nach Geschmack
200 g Butter
100 g Ricotta
Semmelbrösel (nach Bedarf)
4 TL Mohnsamen
Frisch geriebener Parmesan

Empfohlener Wein: ein trockener aromatischer Weißwein (Lison Pramaggiore Chardonnay)

Dieses fleischlose Gericht ist eine Spezialität aus Cortina d'Ampezzo und wird oft in der Fastenzeit serviert. Der Ricotta kann auch durch 100 g gegarte und zerstampfte mehlige Kartoffeln ersetzt werden.

Das Mehl auf die Arbeitsfläche oder in eine große Rührschüssel sieben. In die Mitte eine Mulde drücken, die Eier hineingeben. Wasser und Salz hinzufügen und mit den Händen oder einer Gabel das Mehl vom Rand nach und nach einarbeiten. Den Teig zu einem glatten, geschmeidigen Teig verkneten. Den Teig mit einem feuchten Tuch abdecken und 30 Minuten ruhen lassen. • Die Roten Beten fein zerkleinern und mit 1 Prise Salz bei starker Hitze in 10 g Butter kurz anbraten. • Vom Herd nehmen und den Ricotta unterrühren. Ist die Mischung zu flüssig, Semmelbrösel hinzufügen. • Den Pastateig mit einem bemehlten Nudelholz auf der bemehlten Arbeitsfläche zu einer gleichmäßigen, 3 mm dünnen Platte ausrollen. Dabei den Teig und das Nudelholz immer wieder mit Mehl bestäuben. • Mit einem Glas oder einer runden Ausstechform (7 cm Durchmesser) Teigkreise ausstechen. • Eine kleine Portion Füllung auf die Mitte jedes Kreises geben und diese zusammenklappen. Die Ränder mit den Fingern gut andrücken. • In einem Topf reichlich Wasser mit Salz zum Kochen bringen, die Ravioli vorsichtig hineingleiten lassen und 10 Minuten garen. • Gut abtropfen lassen. Auf eine vorgewärmte Servierplatte geben, die restliche Butter in Flöckchen darüber verteilen und mit Mohnsamen bestreuen. • Mit viel Parmesan bestreut servieren.

Weine

Ein alter venezianischer Trinkspruch lautet: „Wer reichlich trinkt, schläft gut; wer gut schläft, hat keine bösen Gedanken; wer keine bösen Gedanken hat, tut nichts Böses, und wer nichts Böses tut, kommt in den Himmel. Darum trinke reichlich und du wirst in den Himmel kommen.“ Venetien ist schon seit alter Zeit die Heimat von Qualitätsweinen und gehört auch heute noch zu den wichtigsten Weinanbaugebieten Italiens.

Der intensiv rote oder auch hellrote Bardolino wird südöstlich vom Gardasee produziert und sollte jung getrunken werden. Dieser frische, trockene Wein passt gut zu Suppen, Pastagerichten, weißem Fleisch und ganz besonders zu Schweinefleisch und jungem Käse.

Über die Jahrhunderte hat der Weinbau die Wirtschaft und Geschichte dieser Region geprägt. Die wachsenden Städte Venetiens lagen in verschiedenen Weinanbaugebieten, die die Landsitze aristokratischer Familien umgaben. Viele dieser Villen, die von gefeierten Architekten entworfen und berühmten Künstlern ausgestattet wurden, bilden heute das Herzstück des prestigeträchtigen Weinhandels. Von Oktober bis Februar kann man manche der historischen Weinkeller besuchen, ebenso wie die Lagerräume, in denen die Trauben vor dem Pressen getrocknet werden. Die Weinberge Venetiens nehmen inzwischen eine Fläche von 125 000 Hektar ein. Im Jahr 1997 belief sich die Weinproduktion auf nahezu 7 000 000 Hektoliter, von denen fast ein Drittel staatlich garantierte Qualitätsweine mit dem DOC-Prädikat waren. Nach einer nicht ganz so rühmlichen Vergangenheit, als bei der Weinproduktion die Quantität im Vordergrund stand, bemühen sich nun vor allem die großen Winzer um eine hohe Qualität und ihre Weine gelten als echte Spitzenprodukte.

Soave, eine Kombination aus Garganega- und Trebbiano-Trauben, stammt aus der Region östlich von Verona und ist der bekannteste Weißwein Veneziens. Auch der Soave hat von der Qualitätssteigerung in der Weinproduktion sehr profitiert. Das zarte Bukett und der trockene, spritzig-leichte Geschmack passen gut zu Ei, Fisch und Geflügel.

Valpolicella wird in den Bergen nördlich von Verona produziert und gehört vielleicht zu den weltweit bekanntesten Weinen Italiens. Am begehrtesten sind die Rotweine aus Corvina-, Rondinella- und Molinara-Trauben. Als in den 50-er Jahren die Nachfrage nach trockenen Weinen stieg, wurde die hervorragende Rebsorte Amarone besonders beliebt. Damit die Weine eine tiefrote Farbe erhalten, werden die Trauben in Lagerhallen auf Gestellen leicht getrocknet. Nachdem der Wein drei Jahre in Eichenfässern gereift ist, wird er in Flaschen abgefüllt und kann weitere 20 Jahre reifen, ohne seinen Charakter zu verlieren. Amarone hat ein volles, reines Bukett und harmoniert wunderbar mit Wild, reifem Käse und Schmorbraten.

Erwähnung verdient auch der Bianco di Custoza, der südlich vom Gardasee produziert wird. Für diesen Wein verwendet man Trebbiano- und Garganega-Trauben sowie geringe Mengen Tokajer, Cortese, Riesling, Chardonnay und Malvasia. Das Bukett ist kräftig, der Geschmack angenehm mit leicht bitterem Unterton.

Um das Dörfchen San Piero di Bardozza in der Region von Valdobbiadene wird auf kaum 100 Hektar die Cartizze-Traube angebaut. Sie besitzt einen höheren Zuckergehalt und dient zur Herstellung eines begehrten halbtrockenen perlenden Weißweins.

Recioto, der schon zur Zeit Plinius´ des Älteren produziert worden sein soll, ist ein vollmundiger, halbtrockener Wein. Sein Bukett besitzt einen leichten Veilchenduft. Der Name stammt wohl von dem Dialektwort recie, *von* orecchie *(„Ohren"), zur Bezeichnung der äußersten, süßesten Reben, die für diesen Wein ausgewählt werden. Recioto passt zu Kleingebäck, Weichkäse und exotischen Früchten, die amandorlata-Version mit zartem Mandelgeschmack zu Schokolade.*

Prosecco, nach der verwendeten Traubensorte benannt, wird in der hügeligen Gegend von Marca Trevigiana kultiviert. Prosecco D.O.C. stammt aus der Region von Conegliano und Valdobbiadene. Prosecco ist trocken bis halbtrocken und sein zartes Bukett erinnert an Akazien und Honig. Die stillen Sorten sind gute Tischweine, während perlender Prosecco sich besser als Aperitif oder zum Dessert eignet. Trockener Prosecco passt gut zu Risotto und Fisch, halbtrockener harmoniert mit Schalentieren und perlende Sorten passen ideal zu Obstsalat.

Pasticcio di radicchio trevigiano

Überbackene Pasta mit Radicchio

Für 6 Personen
Vorbereitungszeit: 10 Minuten
Garzeit: 35 Minuten
Schwierigkeitsgrad: anspruchsvoll

6 Köpfe länglicher Radicchio (Radicchio di Treviso)
2 EL Butter
Salz
Frisch gemahlener schwarzer Pfeffer
300 ml süße Sahne

Für die Béchamelsauce:
60 g Butter
60 g Mehl
500 ml heiße Milch
Salz nach Geschmack
Geriebene Muskatnuss

400 g *maltagliati* (rautenförmige Pasta)
100 g Parmesan, frisch gerieben

Empfohlener Wein: ein leichter trockener Weißwein (Soave Classico)

Die Radicchio-Köpfe gründlich waschen, längs in Viertel schneiden. Eine ofenfeste Form mit 2 EL Butter einfetten und den Radicchio hineinlegen. Mit Salz und Pfeffer würzen, mit der Sahne begießen. Im vorgeheizten Ofen bei 180 °C (Umluft 160 °C) 15 Minuten backen. • Für eine eher dünnflüssige Béchamelsauce die Butter zerlassen, das Mehl einrühren und nach und nach die heiße Milch unterrühren. Ständig rühren, damit sich keine Klümpchen bilden. Bei schwacher Hitze leicht einkochen lassen, dann eine Prise Salz und Muskat hinzufügen. • In einem großen Topf Wasser mit Salz zum Kochen bringen, die Pasta hineingeben und in 5 Minuten bissfest garen. Gut abtropfen lassen. • Die Pasta mit dem Radicchio und der Béchamelsauce vermischen und in eine ofenfeste Form füllen. Mit Parmesan bestreuen, in den vorgeheizten Ofen schieben und 20 Minuten bei 200 °C (Umluft 180 °C) überbacken. • Hat sich eine goldbraune Kruste gebildet, das Gericht dampfend heiß servieren.

Anstelle der rautenförmigen *maltagliati* (zu deutsch: schlecht geschnitten) können auch andere Pastasorten wie *pappardelle* oder *tagliatelle* verwendet werden.

Sopa coada

Geschmorte Taube

Für 6 Personen
Vorbereitungszeit: 2 Stunden
Garzeit: 3 Stunden
Schwierigkeitsgrad: relativ einfach

4 Tauben, küchenfertig, vorzugsweise mit Lebern
2 EL natives Olivenöl extra
150 g Butter
1 Zwiebel, fein gehackt
1 Herzstück vom Bleichsellerie, fein gehackt
1 Möhre, fein geraspelt
250 ml trockener Weißwein
2 l leichte Gemüsebrühe aus Brühwürfeln
Salz
Frisch gemahlener schwarzer Pfeffer
9 große Scheiben Brot, 2-3 Tage alt, 1 cm dick
200 g Parmesan, frisch gerieben

Empfohlener Wein: ein trockener Rotwein (Bardolino Superiore)

Die Tauben halbieren. • Öl und 50 g Butter in einem Schmortopf oder einer tiefen Pfanne erhitzen. Zwiebel, Sellerie und Möhre hinzufügen und bei schwacher Hitze braten. • Die Tauben mit der fleischigeren Seite nach unten auf das zerkleinerte Gemüse in den Topf legen und braun anbraten. • Den Wein dazugießen und einkochen lassen. • So viel Brühe angießen, dass die Tauben bedeckt sind, mit Salz und Pfeffer würzen. Zugedeckt 1 Stunde bei schwacher Hitze schmoren. • Wenn die Tauben gar sind, die klein geschnittenen Lebern (falls vorhanden) hinzufügen und weitere 5 Minuten mitgaren. Den Topf vom Herd nehmen und abkühlen lassen. • Die Tauben entbeinen, dabei das Fleisch möglichst unversehrt lassen. • Eine tiefe ofenfeste Form mit Butter einfetten, 3 Brotscheiben hineinlegen und mit der Hälfte des Taubenfleisches bedecken. Mit Brühe beträufeln, die übrige Butter in Flöckchen daraufsetzen und etwas Parmesan bestreuen. Den Vorgang wiederholen, dann mit einer dritten Brotschicht abschließen. Die oberste Schicht mit Brühe beträufeln und den restlichen Parmesan darüberstreuen. • In den vorgeheizten Ofen schieben und mindestens 2 Stunden bei 140 °C (Umluft 120 °C) garen. Ab und zu mit etwas Brühe übergießen. • Heiß servieren, dazu eine Tasse mit Brühe reichen.

***Coada*, der venezianische Ausdruck für *covata* (ausgebrütet) , beschreibt das sehr langsame Garen im Ofen. Das Rezept eignet sich auch ausgezeichnet für Hähnchen. Rosmarin sorgt für zusätzliches Aroma. Für eine vegetarische Variante Wirsing, Zwiebeln, Spinat und Fenchelverwenden und mit Muskatblüte oder Muskatnuss würzen.**

Die jüdische Küche

Ob nun die jüdische Küche die venezianische beeinflusst hat oder ob der Fall umgekehrt zutrifft, lässt sich heute nicht mehr sagen. Doch ließen die Venezianer einige Zutaten und Rezepte der jüdischen Kochtradition bereitwillig in ihre eigene Küche einfließen, die von den Landesküchen ihrer Handelspartner bereits stark beeinflusst war. Juden lebten seit dem 12. Jahrhundert in Venedig. Sie waren Kaufleute und Bankiers, aber auch Geldverleiher, deren Gewerbe derart in Verruf geriet, dass die Juden im 14. Jahrhundert aus der Stadt verbannt wurden. 1516 erlaubte man ihnen die Rückkehr, sie durften sich aber nur in einem bestimmten Gebiet aufhalten, das als „ghetto" bekannt war: Hier befanden sich die staatlichen Gießereien oder *getti*. Die Juden sprachen das Wort als „ghetto" aus,

und daraus wurde im Europa des 16. Jahrhundert der häufig verwendete Begriff für die Zwangsunterkünfte, die man den Juden zuwies. Das „ghetto" war ein Sperrgebiet, das durch hohe Tore verschlossen war und in das alle Juden bei Sonnenuntergang zurückzukehren hatten. Die Unterkünfte waren sehr beengt und für die Bedürfnisse einer Familie oft völlig unzureichend. Viele Aktivitäten fanden darum im Freien statt. Im Verlauf des 16. Jahrhunderts erlangte die jüdische Gemeinde jedoch beträchtlichen kulturellen Einfluss. 1534 wurde die jüdische Universität gegründet, jüdische Ärzte, jüdische Musik und Gesangslehrer waren sehr geschätzt. Die Juden beherrschten außerdem viele Sprachen und arbeiteten bei Diplomaten und Kaufleuten als Übersetzer und Vermittler.

In Padua gab es ebenfalls eine bedeutende jüdische Gemeinde, deren traditionelle Küche so hoch geschätzt wurde, dass das Fleischergeschäft unter dem Palazzo della Ragione nach den Vorschriften des Talmud schlachtete und auch die Bevölkerung der Stadt diese für ihre eigenen gegarten Fleischwaren einhielt. Auch weißes Fleisch wie Huhn oder Pute wurde auf jüdische Art zubereitet: Junger Truthahn mit Granatäpfeln war ein traditionelles Gericht zum Passahfest und die Garmethode für Huhn mit Orangen- oder Zitronensaft ist ebenfalls jüdischen Ursprungs.

Links: Ein jüdischer Apotheker im Venedig des 16. Jahrhunderts. Gegenüberliegende Seite (oben): Guidecca in Venedig; (unten) Festa del redentore

KÄSE FRISINAL

1 Zwiebel, fein gehackt
1 Knoblauchzehe, fein gehackt
2 EL fein gehackte frische Petersilie
1 Zweig frischer Rosmarin, fein gehackt
125 ml natives Olivenöl extra
300 g Champignons, gehackt
Salz
200 g frische Erbsen
1 Lauchzwiebel, fein gehackt
500 g Ziti (lange, dicke Rohrnudeln), bissfest gegart
200 g Parmesan, frisch gerieben

FÜR DEN BLÄTTERTEIG
500 g Mehl
250 g Butter
100 g Zucker
2 Eier
1 EL Madeira
1 Prise Salz
1 Eigelb, mit etwas Milch verschlagen, zum Bestreichen

Zwiebel, Knoblauch, Petersilie und Rosmarin in 100 ml Öl bei schwacher Hitze braten. Die Pilze hinzufügen und mit Salz würzen. Bei schwacher Hitze etwa 20 Minuten weiterbraten. In dem restlichen Öl Erbsen und Lauchzwiebel etwa 15 Minuten sautieren. Erst zum Ende leicht salzen. Den Blätterteig herstellen und eine Springform (Durchmesser 26 cm) mit zwei Dritteln des Teigs auskleiden. Die abgegossenen Ziti mit den gebratenen Zutaten und dem Parmesan vermischen. Die Mischung in die Springform füllen und glatt streichen. Den restlichen Teig zu einer runden Platte ausrollen und die Mischung damit bedecken. Die Teigränder fest zusammendrücken und den Teigdeckel mit dem Eigelb bestreichen. Im vorgeheizten Ofen bei 200 °C (Umluft 180 °C) etwa 40 Minuten backen. Sehr heiß servieren.

Die Verwendung bestimmter Gemüsesorten geht gleichfalls auf die jüdische Küche zurück. Vor dem 16. Jahrhundert wurden Artischocken nur auf Sizilien und im maurischen Spanien angebaut. Venedig führte sie aus dem Orient ein. Gelber Kürbis, der gebraten oder gebacken auf den Straßen der Stadt verkauft wurde, ist Teil des traditionellen Menüs zu Rosh-ha-shan (dem jüdischen Neujahrsfest) und des Essens vor Jom Kippur (dem höchsten jüdischen Fest). Reis-Pilaw mit verschiedenen Gemüsesorten entstand aus einem Reisgericht, das die Juden bereits freitags für den Sabbat zubereiteten.

Die vollständige Verarbeitung von Gans, ohne Teile davon wegzuwerfen, entstammt einer weiteren jüdischen Tradition. Die besten Teile wurden eingesalzen und im Gänsefett vom Hals des Tieres konserviert. Sehr beliebt waren auch die „Gänseschinken", die von den Juden meisterlich zubereitet wurden.

Bereits diese wenigen hier genannten kulinarischen Beispiele zeigen, wie eng die venezianische mit der jüdischen Kochtradition verbunden ist. Dabei wurden die neuen Einflüsse auf harmonische Weise an die regionalen Essgewohnheiten Venedigs angeglichen. Ein typisches Gericht dieser jüdisch-venezianischen Küche ist frisinal, *eine Art Makaroni-Kuchen in Blätterteig. In Übereinstimmung mit dem Gebot der koscheren Küche, Fleisch- und Milchprodukte nie zu kombinieren, gibt es zwei Varianten: eine mit Käse und Gemüse, die andere mit Fleischbrühe und kleinen Fleischstücken.*

Pasta e fasioi

Pasta mit Bohnen

Für 6 Personen
Vorbereitungszeit: 35 Minuten + Einweichzeit für die Bohnen
Garzeit: 2 Stunden
Schwierigkeitsgrad: einfach

300 g getrocknete Borlotti-Bohnen
2 EL natives Olivenöl extra, zusätzlich Öl zum Beträufeln
1 Zwiebel, fein gehackt
1 Knoblauchzehe, fein gehackt
1 Möhre, fein geraspelt
1 Stange Bleichsellerie, fein zerkleinert
1 Zweig frischer Rosmarin, fein gehackt
150 g italienische *pancetta*, ersatzweise durchwachsener Speck, klein gewürfelt
Salz nach Geschmack
150 g Pasta aus Hartweizengrieß (*tagliatelle, maltagliati*)
Frisch gemahlener schwarzer Pfeffer

Empfohlener Wein: ein trockener Rosé (Lison Pramaggiore Merlot

Die Bohnen über Nacht in einer großen Schüssel mit Wasser einweichen. • Die Bohnen abseihen und in einem Topf mit ungesalzenem Wasser bedecken. Etwa 2 Stunden bei schwacher Hitze sehr weich garen. • Nicht abseihen. Ein Drittel der Bohnen mit einem Schaumlöffel herausnehmen und in der Küchenmaschine pürieren. • Das Püree zurück in den Topf geben und unterrühren. • Öl in einer Pfanne erhitzen und Zwiebel, Knoblauch, Möhre, Sellerie, Rosmarin und *pancetta* darin hellbraun anbraten. • Die Mischung zu den Bohnen geben und mit Salz würzen. Die Bohnen wieder zum Kochen bringen, die Pasta hinzufügen und weitere 5 Minuten garen. Vom Herd nehmen. • Die Suppe 20 Minuten stehen lassen. Nochmals kurz erwärmen, mit Pfeffer würzen, mit etwas Öl beträufeln und servieren.

Dies ist ein typisches Gericht für Venedig und den Veneto, wo Bohnen hervorragender Qualität wachsen. Die Art der Pasta variiert: In Vicenza verwendet man breite *tagliatelle*, während in Verona die dunklen *bigoli* aus Weizenvollkorn bevorzugt werden.

Polenta fasiolada

Polenta mit Bohnen und Speck

Die Bohnen über Nacht in einer großen Schüssel mit Wasser einweichen. • In einer großen Pfanne mit schwerem Boden die *pancetta* mit der Zwiebel bei schwacher Hitze anbraten. • Die abgetropften Bohnen, einige frische Salbeiblätter oder einen Zweig Rosmarin hinzufügen. Mit etwa $1^1/_4$ l kaltem Wasser bedecken. Zum Kochen bringen und zugedeckt 1 Stunde bei niedriger Temperatur köcheln lassen. • Wenn die Bohnen fast gar sind, diese mit Salz abschmecken und unter ständigem Rühren den Maisgrieß langsam einrieseln lassen. • Bei schwacher Hitze 45 Minuten garen, eventuell ab und zu etwas warmes Wasser dazugießen. Die Polenta sollte von weicher Konsistenz sein. • Auf ein Brett oder eine Platte geben und servieren.

Für 6 Personen
Vorbereitungszeit: 20 Minuten + 12 Stunden Einweichzeit für die Bohnen
Garzeit: 2 Stunden
Schwierigkeitsgrad: einfach

250 g getrocknete Borlotti-Bohnen
100 g italienische *pancetta* oder durchwachsener Speck, in Würfel geschnitten
$^1/_2$ Zwiebel, fein gehackt
Frischer Salbei oder Rosmarin
Salz nach Geschmack
350 g feiner Maisgrieß (Polenta)

Empfohlener Wein: ein trockener Rotwein (Colli Berici Cabernet)

Sollte etwas Polenta übrigbleiben, diese in 2 cm dicke Stücke schneiden und in heißem Öl goldbraun frittieren.

Für 6 Personen
Vorbereitungszeit: 20 Minuten
Garzeit: 1 Stunde
Schwierigkeitsgrad: einfach

1 junges Hähnchen, Gewicht etwa 1,2 kg
2 l heiße Hühnerbrühe (selbst zubereitet oder aus Brühwürfeln)
2 Zwiebeln
2 Möhren
2 Stangen Bleichsellerie
4 EL natives Olivenöl extra
100 g Butter
400 g italienischer Risottoreis (Arborio)
125 ml trockener Weißwein
100 g Parmesan, frisch gerieben
Salz nach Geschmack
Frisch gemahlener schwarzer Pfeffer

Empfohlener Wein: ein trockener kräftiger Weißwein (Piave Pinot Bianco)

Risoto alla sbirraglia

Geflügel-Risotto

Das Hähnchen von außen und innen waschen und in sechs Stücke teilen. • Die Brühe mit 1 Zwiebel, 1 Möhre und 1 Stange Bleichsellerie zum Kochen bringen. Bei schwacher Hitze köcheln lassen. In der Zwischenzeit das restliche Gemüse fein hacken. In einem großen Topf das Öl und die 50 g Butter erhitzen und das gehackte Gemüse darin braten. • Die Hähnchenteile dazugeben und hellbraun anbraten. Ab und zu etwas Hühnerbrühe dazugießen und das Hähnchen fast fertig garen. • Den Reis hinzufügen und unterrühren. Den Wein angießen und einkochen lassen. Immer wieder heiße Brühe dazugießen, bis der Reis weich, aber noch bissfest ist. • Die restliche Butter einrühren. Den Risotto mit Salz und Pfeffer abschmecken, mit Parmesan bestreuen und servieren.

Der Name des Rezepts scheint auf die einst abfällige Bezeichnung *sbirri* für die Polizei zurückzugehen. Die Schergen von Kaiser Franz Joseph von Österreich sollen ein besonderes Faible für diesen Risotto gehabt haben, der so sättigend ist, dass man ihn als Hauptgericht reichen kann. Für eine Variante das Hähnchenfleisch vor dem Garen vom Knochen trennen und klein schneiden. Zusätzlich können noch 150 g mageres, in Würfel geschnittenes Kalbfleisch hinzugefügt werden.

Für 6 Personen
Vorbereitungszeit: 10 Minuten
Garzeit: 40 Minuten
Schwierigkeitsgrad: einfach

1 kg Riesenkürbis (oder eine andere Sorte mit orangefarbenem Fleisch)
100 g Butter
4 EL natives Olivenöl extra
400 g italiener Risottoreis (Arborio)
125 ml trockener Weißwein
Salz nach Geschmack
Frisch gemahlener schwarzer Pfeffer
500 ml heiße Gemüsebrühe (selbst zubereitet oder aus Brühwürfeln)
100 g Parmesan, frisch gerieben

Empfohlener Wein: ein trockener Weißwein (Veneto Pinot Grigio)

Risoto de suca

Risotto mit Kürbis

Den Kürbis schälen, Kerne und faserigen Mittelteil entfernen. Das Kürbisfleisch in dünne Scheiben schneiden. • In einem Topf mit schwerem Boden 50 g Butter und das Öl bei niedriger Temperatur erhitzen. Die Kürbisscheiben hinzufügen und zugedeckt bei schwacher Hitze köcheln lassen, bis sie fast gar sind. • Den Reis dazugeben und gut untermischen, damit er viel Aroma aufnimmt. Den Wein angießen und einkochen lassen. Mit Salz und Pfeffer würzen. • Nach und nach kleine Mengen Brühe dazugießen und den Reis garen, bis er weich, aber noch bissfest ist. • Der Risotto sollte geschmeidig, aber nicht zu flüssig sein. • Vom Herd nehmen, die übrige Butter untermischen. Mit Parmesan bestreuen und servieren.

Geriebene Muskatnuss oder eine Messerspitze Zimt verleihen dem Risotto eine besonders aromatische Note.

Risoto de branzin

Risotto mit Fisch

Für 6 Personen
Vorbereitungszeit: 30 Minuten
Garzeit: 40 Minuten
Schwierigkeitsgrad: einfach

800 g Wolfsbarsch
Schwarze Pfefferkörner
1 Knoblauchzehe, ganz, geschält
1 Lorbeerblatt
4 EL natives Olivenöl extra
100 g Butter
1 Schalotte, fein gehackt
400 g italienischer Risottoreis (Arborio)
125 ml trockener Weißwein
Salz nach Geschmack
100 g Parmesan, frisch gerieben

Den Fisch von Schuppen und Eingeweide befreien und gründlich waschen. • In einen großen Topf legen, mit kaltem Wasser bedecken und einige Pfefferkörner hinzufügen. Langsam zum Kochen bringen und bei schwacher Hitze garen. • Den Fisch herausnehmen und abtropfen lassen. Kopf, Gräten und Haut entfernen und das Fleisch in kleine Stücke teilen. • Kopf, Gräten und Haut zurück in den Topf geben, den Knoblauch und das Lorbeerblatt hinzufügen und den Sud bei hoher Temperatur stark einkochen lassen. • In einem Topf mit schwerem Boden das Öl und 50 g Butter erhitzen, die Schalotte hineingeben und bei starker Hitze kurz anbraten. Die Fischstücke und den Reis hinzufügen. • Den Fischsud abseihen und immer wieder in kleinen Mengen an den Reis gießen, bis dieser gar ist. • Den Wein angießen. Sobald er eingekocht ist, den Topf vom Herd nehmen. • Die restliche Butter unterrühren und den Risotto mit Salz abschmecken, mit Parmesan bestreuen. Sehr heiß servieren.

Empfohlener Wein: ein trockener Weißwein (Veneto Pinot Bianco)

Für 6 Personen
Vorbereitungszeit: 40 Minuten
Garzeit: 80 Minuten
Schwierigkeitsgrad: anspruchsvoll

600 g Garnelen
3 EL Sonnenblumenöl
100 g Butter
1 Knoblauchzehe, fein gehackt
1 kleine Zwiebel, fein gehackt
125 ml trockener Weißwein
Salz nach Geschmack
3 EL Mehl
250 ml Milch
500 g frische *tagliatelle*
100 g Parmesan, frisch gerieben
2 EL fein gehackte frische Petersilie

Empfohlener Wein: ein trockener fruchtiger Weißwein (Roero Arneis)

Tagliatelle alla buranella

Tagliatelle mit Garnelen und Weißwein

Die Garnelen in 1 l kochendem Wasser 10 Minuten garen. Mit einem Schaumlöffel herausheben. Die Schalen auf dem Rücken der Garnelen mit einer spitzen Schere aufschneiden, auseinander drücken und das Fleisch möglichst im Ganzen herausnehmen. Beiseite stellen. • Die Garnelenschalen und -köpfe in den Topf zurückgeben und den Sud um zwei Drittel einkochen lassen. • In einer Pfanne das Öl und die 60 g Butter erhitzen, den Knoblauch und die Zwiebeln darin anbraten. • Die geschälten Garnelen hinzufügen. Den Wein angießen und einkochen lassen. Mit Salz würzen und vom Herd nehmen. • In einem kleinen Topf die restliche Butter zerlassen, das Mehl unter Rühren einstreuen. Erst die heiße Milch, dann den abgeseihten heißen Sud hinzugießen. Dabei ständig rühren, damit sich keine Klümpchen bilden. Unter Rühren weitere 10 Minuten köcheln lassen, bis die Sauce dickflüssig wird. • In einem großen Topf gesalzenes Wasser zum Kochen bringen, die *tagliatelle* hineingeben und bissfest garen. • Abtropfen lassen und in die Pfanne geben. Die Sauce dazugießen und unter Rühren kurz erwärmen. In eine vorgewärmte, ofenfeste Servierschüssel füllen. Mit Parmesan und Petersilie bestreuen und im vorgeheizten Ofen bei 200 °C (Umluft 180 °C) kurz goldbraun überbacken. • Sofort servieren.

Dieses Gericht ist auf vielen Speisekarten Venetiens zu finden. Probieren Sie auch einmal die Variante mit Schalentieren oder pochiertem Fischfilet.

Risoto de scampi

Risotto mit Scampi

Für 6 Personen
Vorbereitungszeit: 50 Minuten
Garzeit: 30 Minuten
Schwierigkeitsgrad: einfach

1 Knoblauchzehe, geschält
1 Lorbeerblatt
400 g rohe Scampi, ungeschält
100 g Butter
4 EL natives Olivenöl extra
1 Schalotte, fein gehackt
400 g italienischer Risottoreis (Arborio)
125 ml trockener Weißwein
Salz nach Geschmack
Frisch gemahlener schwarzer Pfeffer
100 g Parmesan, frisch gerieben

Empfohlener Wein: ein trockener fruchtiger Weißwein (Breganze Vespaiolo Superiore)

In einem hohen Topf 1,3 l Wasser mit der geschälten Knoblauchzehe und dem Lorbeerblatt zum Kochen bringen. 10 Minuten kochen lassen. • Die Scampi hinzufügen und 10 Minuten bei schwacher Hitze garen. Die Scampi mit einem Schaumlöffel herausheben und schälen, das herausgelöste Fleisch beiseite stellen. • Die Schalen und Köpfe in das Wasser zurückgeben, weitere 20 Minuten köcheln lassen. • In einem Topf mit schwerem Boden 50 g Butter und das Öl erhitzen. Die Schalotte hineingeben und bei schwacher Hitze braten, bis sie glasig ist. Den Reis dazugeben und unter ständigem Rühren einige Minuten anbraten, damit er möglichst viel Aroma aufnimmt. • Den Wein angießen und einkochen lassen. Mit Salz und Pfeffer würzen. • Die geschälten Scampi hineingeben und etwas heißen abgeseihten Sud dazugießen. Wenn die Flüssigkeit verkocht ist, immer wieder Sud in kleinen Mengen nachgießen, dabei häufig umrühren. Der Reis sollte weich, aber noch bissfest sein. • Vom Herd nehmen, die restliche Butter und den Parmesan untermischen und servieren.

Dieses Gericht stellt dank des delikaten Geschmacks der Scampi jeden Feinschmecker zufrieden. Die Scampi können aber auch problemlos durch Garnelen ersetzt werden.

Für 6 Personen
Vorbereitungszeit: 15 Minuten
Garzeit: 35 Minuten
Schwierigkeitsgrad: einfach

$1\frac{1}{2}$ kg Riesenkürbis
2 Eier
400 g Mehl
Salz nach Geschmack
100 g Butter, zerlassen

Empfohlener Wein: ein leichter trockener Weißwein (Gambellara Tocai Bianco)

Gnocchi di zucca

Kürbisklößchen

Den Kürbis schälen, die Kerne und den faserigen Mittelteil entfernen. Das Kürbisfleisch in große Würfel schneiden, auf ein Backblech legen und 20 Minuten im vorgeheizten Ofen bei 200 °C (Umluft 180 °C) backen. • Noch heiß in eine Schüssel geben und mit einem Kartoffelstampfer zu einem glatten Püree verarbeiten. • Die Eier, das Mehl und eine Prise Salz hinzufügen. Alles gründlich zu einer glatten, festen Masse vermischen. Bei Bedarf zusätzlich Mehl untermischen. • In einem großen Topf gesalzenes Wasser zum Kochen bringen. Mit 2 EL walnussgroße Klößchen formen. Portionsweise ins kochende Wasser gleiten lassen und 2-3 Minuten garen. Mit einem Schaumlöffel herausheben und in eine vorgewärmte Servierschüssel geben. • Mit der zerlassenen Butter beträufeln und servieren.

Kürbis, Lieblingsgemüse der Venezianer, und die Kürbisklößchen sind eine Spezialität aus der Gegend um Chioggia und das Po-Delta. Für eine aromatische Variante die Klößchen kurz vor dem Servieren mit geriebenem Parmesan, einer Messerspitze Zimt und 1 EL Zucker bestreuen.

Paste conze

Pasta mit Erbsen, Pilzen und Speck

Für 6 Personen
Vorbereitungszeit: 15 Minuten
Garzeit: 30 Minuten
Schwierigkeitsgrad: einfach

In einer großen Pfanne das Öl erhitzen, die Zwiebel und die Petersilie hineingeben und bei schwacher Hitze braten. • Den Speck hinzufügen und braten, bis er hellbraun und knusprig ist. Die Erbsen dazugeben. • Einige Minuten unter Rühren erhitzen, dann die Brühe dazugießen und bei niedriger Temperatur 20 Minuten köcheln lassen. • Mit Salz und Pfeffer würzen und vom Herd nehmen. • In einer zweiten Pfanne 50 g Butter zerlassen und mit etwas Salz würzen. Nach und nach die Champignons hineingeben und dabei umrühren, damit die austretende Flüssigkeit verdampfen kann. Es kann bis zu 20 Minuten dauern, bis die Pilze gar sind. • In einem großen Topf gesalzenes Wasser zum Kochen bringen, die Pasta hineingeben und bissfest garen. Gut abtropfen lassen und in die Pfanne mit dem Speck geben. Die Pilze und die restliche Butter untermischen. • Mit Parmesan bestreuen und servieren.

3 EL natives Olivenöl extra
1 Zwiebel, in dünne Scheiben geschnitten
2 EL fein gehackte frische Petersilie
125 g italienische *pancetta* oder durchwachsener Speck, in Würfel geschnitten
400 g frische oder Tiefkühlerbsen, gepalt
250 ml Gemüsebrühe (selbst zubereitet oder aus Brühwürfeln)
Salz nach Geschmack
Frisch gemahlener schwarzer Pfeffer
100 g Butter
300 g Champignons, in Scheiben geschnitten
500 g Pasta (alle Sorten sind geeignet)
100 g Parmesan, frisch gerieben

Empfohlener Wein: ein trockener Weißwein (Veneto Pinot Bianco)

Secondi piatti

Für Fleischgerichte verwendet man in Venetien meist Hühnchen, Gans, Pute und Ente. Das Fleisch wird im eigenen Saft geschmort, gebraten oder in süßsaurer Sauce gegart. Während der Jagdsaison isst man viel Wild, aber auch Innereien wie Leber, Nieren und Kaldaunen sind sehr beliebt. Meerestiere werden auch gern gegessen: Der stets frische Fisch und die einfachen, aber sorgfältigen Zubereitungsmethoden machen komplizierte Rezepte und ausgefallene Zutaten überflüssig. Eine venezianische Besonderheit sind die zahlreichen Rezepte für skandinavischen Stockfisch, die von Venedigs langer Tradition als Handelshafen und Schnittstelle zwischen Ost und West zeugen.

Baccalà mantecato

Stockfisch-Mousse

Den Stockfisch in einen großen Topf geben, mit kaltem Wasser bedecken und bei schwacher Hitze langsam zum Kochen bringen. Sobald das Wasser kocht, den Herd ausstellen. • Den Fisch 20 Minuten im Wasser stehen lassen. Herausnehmen und abtropfen lassen. Die Haut abziehen und sorgfältig alle großen und kleinen Gräten entfernen. • Den Fisch in sehr kleine Stücke zerteilen und in eine Rührschüssel geben. Das Öl in dünnem Strahl nach und nach hinzugießen (ähnlich wie bei der Zubereitung von Mayonnaise), dabei kräftig mit einem Holzlöffel oder Schneebesen stets in dieselbe Richtung rühren, bis der Fisch kein Öl mehr aufnimmt. Die Mischung sollte leicht und locker wie eine Mousse sein. • Nach Geschmack mit Salz und mit reichlich gemahlenem Pfeffer würzen. Den Knoblauch und die Petersilie untermischen. • Die Stockfisch-Mousse gekühlt oder von Raumtemperatur servieren.

Für 6 Personen
Vorbereitungszeit: 40 Minuten + 24 Stunden zum Wässern
Garzeit: 10 Minuten + 20 Minuten Ruhezeit
Schwierigkeitsgrad: relativ einfach

1 kg Stockfisch, 24 Stunden gewässert, dabei das Wasser oft gewechselt
300 ml Olivenöl
Salz
Frisch gemahlener schwarzer Pfeffer
1 Knoblauchzehe, fein gehackt
2 EL fein gehackte frische Petersilie

Empfohlener Wein: ein trockener Weißwein (Soave Superiore)

Früher wurde diese köstliche Fisch-Mousse traditionell in der Fastenzeit oder am Weihnachtsabend serviert. Das Öl kann man auch mithilfe einer Küchenmaschine unter den Fisch arbeiten.

Für 6 Personen
Vorbereitungszeit: 20 Minuten
Garzeit: 3 1/4 Stunden
Schwierigkeitsgrad: einfach

1 junger Truthahn (2 kg), mit Innereien
Salz nach Geschmack
60 g Butter
150 ml natives Olivenöl extra
3 reife Granatäpfel
3-4 Salbeiblätter
Frisch gemahlener schwarzer Pfeffer

Empfohlener Wein: ein trockener Rotwein (Valpolicella Amarone)

Paeta rosta al melagrano

Truthahn mit Granatapfel

Eventuell noch am Truthahn vorhandene Federn mit einer brennenden Kerze absengen und restliche Kiele herausziehen. Den Truthahn von innen und außen gründlich waschen und trocken tupfen. Das Innere mit etwas Salz würzen und 30 g Butter hineingeben. Die Keulen des Truthahns mit Küchengarn zusammenbinden. • Den Truthahn in einen möglichst tiefen Bräter oder eine Auflaufform legen, mit der übrigen Butter bestreichen und mit 100 ml Öl beträufeln. • Im vorgeheizten Ofen 3 Stunden bei 180 °C (Umluft 160 °C) braten. In regelmäßigen Abständen mit dem ausgetretenen Fleischsaft übergießen. • Die Kerne von 2 Granatäpfeln in der Küchenmaschine zu Saft verarbeiten. • Den Truthahn nach 1 1/2 Stunden Garzeit mit der Hälfte des Granatapfelsafts beträufeln. • Die Leber (nach Belieben auch den Magen) des Truthahns waschen, grob hacken und bei starker Hitze in 1 EL Öl anbraten. Den restlichen Granatapfelsaft dazugießen, mit Salbeiblättern, Salz und Pfeffer würzen und vom Herd nehmen. • Den fertig gegarten Truthahn in mindestens 6 Stücke schneiden. In eine ofenfeste Form legen und die Leber-Granatapfelsaft-Mischung darüber verteilen. Die Kerne des dritten Granatapfels ebenfalls darauf verteilen und den Truthahn vor dem Servieren 10 Minuten im vorgeheizten Ofen bei 230 °C (Umluft 210 °C) knusprig braten.

Diese Spezialität aus Vicenza ist ein wunderbares Herbstgericht, wie auch ein Sprichwort aus dieser Gegend bekräftigt: „Wird im November der Most zu Wein, ist die Pute zart und fein."

Fegato alla veneziana

Kalbsleber Venezianische Art

Für 6 Personen
Vorbereitungszeit: 15 Minuten
Garzeit: 20 Minuten
Schwierigkeitsgrad: einfach

60 g Butter
2 EL natives Olivenöl extra
750 g weiße Zwiebeln, in dünne Scheiben geschnitten
750 g Kalbsleber, in dünne Streifen geschnitten
Salz nach Geschmack
Frisch gemahlener schwarzer Pfeffer
2 EL fein gehackte frische Petersilie

Empfohlener Wein: ein trockener, leicht perlender Rotwein (Raboso Veronese)

In einer großen Pfanne die Butter und das Öl bei niedriger Temperatur erhitzen. Die Zwiebeln hineingeben und 15 Minuten langsam braten. Die Leber dazugeben. • Unter ständigem Rühren und Wenden höchstens 15 Minuten bei starker Hitze braten. Mit Salz würzen und gleich vom Herd nehmen, damit die Leber nicht hart wird. • Mit Pfeffer würzen, mit Petersilie bestreuen und heiß servieren.

Eines der berühmtesten Rezepte Venetiens. Die perfekte Verbindung der sanften Süße der Zwiebeln mit dem leicht bitteren Geschmack der Leber ist unwiderstehlich. Dazu passt Kartoffelbrei.

Pollastra in tecia con funghi

Geschmortes Hähnchen mit Pilzen

Für 6 Personen
Vorbereitungszeit: 20 Minuten
Garzeit: 40 Minuten
Schwierigkeitsgrad: relativ einfach

1 Hähnchen (2 kg), küchenfertig
125 g Butter
3 EL natives Olivenöl extra
1 kleine Zwiebel, fein gehackt
1 kleine Stange Bleichsellerie, in kleine Stücke geschnitten
1 kleine Möhre, fein geraspelt
100 g Mehl
250 ml trockener Weißwein
3 Gewürznelken
1 Messerspitze Zimt
500 g Tomaten aus der Dose, Samen entfernt
500 g Pilze (Steinpilze oder nach Belieben), in dünne Scheiben geschnitten
Salz nach Geschmack
Frisch gemahlener schwarzer Pfeffer

Das Hähnchen waschen, trocken tupfen und in 6-8 Stücke schneiden. • In einer großen Pfanne etwa 100 g Butter zerlassen, 2 EL Öl hinzufügen und die Zwiebel, den Sellerie und die Möhre kurz darin anbraten. • Die Hähnchenteile leicht im Mehl wenden und in die Pfanne geben. Bei starker Hitze rundum goldbraun braten. • Den Wein angießen und einkochen lassen. Gewürznelken, Zimt und Tomaten hinzufügen. Mit Salz und Pfeffer würzen. • Bei schwacher Hitze 30 Minuten schmoren, wenn nötig, etwas heißes Wasser dazugießen. • In einer Pfanne das restliche Öl erhitzen und die Pilze 10 Minuten (Zuchtpilze benötigen eine kürzere Garzeit) bei starker Hitze anbraten. • Mit etwas Salz bestreuen. Wenn das Hähnchen fast gar ist, die Pilze hinzufügen. • Die restliche Butter hinzufügen und unterrühren, bis sie geschmolzen ist. • Heiß servieren.

Empfohlener Wein: ein leichter trockener Weißwein (Piave Chardonnay)

Mit frisch zubereiteter Polenta servieren.

Porseo al latte

Schweinefleisch in Milch

Für 6 Personen
Vorbereitungszeit: 20 Minuten
+ 24 Stunden zum Marinieren
Garzeit: 2 Stunden
Schwierigkeitsgrad: einfach

1½ kg Schweinerollbraten
1 l trockener Weißwein
Salz nach Geschmack
Frisch gemahlener schwarzer Pfeffer
100 g Butter
1 l Milch
3 frische Salbeiblätter
1 Zweig frischer Rosmarin

Den zusammengebundenen Rollbraten in eine tiefe Auflaufform oder Schüssel legen und den Wein dazugießen, bis der Braten vollständig bedeckt ist. Über Nacht marinieren lassen. • Das Fleisch aus der Weinmarinade nehmen und mit Küchenpapier trocken tupfen. Mit Salz und Pfeffer würzen. Die Butter in einem Schmortopf zerlassen und das Fleisch bei starker Hitze rundum braun anbraten. • Milch, Salbeiblätter und Rosmarin hinzufügen und das Fleisch zugedeckt 2 Stunden bei niedriger Temperatur schmoren lassen. 20 Minuten vor Ende der Garzeit, die Temperatur erhöhen und die Flüssigkeit ohne Deckel einkochen lassen. • Das Schweinefleisch in Scheiben schneiden und auf einer Servierplatte anrichten. Mit etwas Garflüssigkeit begießen und servieren.

Empfohlener Wein: ein kräftiger trockener Rotwein (Piave Cabernet Sauvignon)

Für zusätzliche Aroma kann mit den übrigen Gewürzen noch eine Prise Muskat hinzugefügt werden.

Faraona in peverada

Perlhuhn im Schmortopf

Für 6 Personen
Vorbereitungszeit: 20 Minuten
Garzeit: 1 Stunde
Schwierigkeitsgrad: einfach

1 Perlhuhn (1 kg), küchenfertig
30 g Butter
100 ml natives Olivenöl extra
Salz nach Geschmack
Frisch gemahlener schwarzer Pfeffer
60 g magerer Speck (pancetta), in kleine Würfel geschnitten
125 ml trockener Weißwein
200 g Perlhuhn- oder Hühnerleber
1 Scheibe *soppressa veneta* (eine weiche, frische Wurstsorte), ersatzweise eine andere italienische Wurst
4 Sardellenfilets
Schale und frisch gepresster Saft von 1 unbehandelten Zitrone
1 Knoblauchzehe
2 EL fein gehackte frische Petersilie
1-2 EL Weißweinessig

Eventuell noch am Perlhuhn vorhandene Federn mit einer brennenden Kerze absengen und restliche Kiele herausziehen. Das Perlhuhn waschen, trocken tupfen und in 6 Stücke schneiden. • In einem Schmortopf die Butter zerlassen, 50 ml Öl hinzufügen und die Perlhuhnstücke und die *pancetta* hineingeben. Bei starker Hitze rundum braun anbraten. • Mit Salz und Pfeffer würzen. Den Wein darübergießen und die Temperatur reduzieren. Zugedeckt 1 Stunde schmoren lassen, dabei die Geflügelstücke ab und zu wenden. • Leber, *soppressa*, Sardellenfilets, Zitronenschale und Knoblauch hacken. In einer Pfanne das restliche Öl erhitzen, die gehackten Zutaten hineingeben und bei schwacher Hitze anbraten. Petersilie und Zitronensaft dazugeben. • Nach Geschmack mit Weinessig beträufeln, eventuell mit etwas Salz würzen (die Sardellen sind bereits sehr salzig). Mit reichlich Pfeffer würzen und nach insgesamt 10 Minuten vom Herd nehmen. • Das Perlhuhn mit der würzigen Leber-Mischung *(peverada)* garnieren und heiß servieren.

Empfohlener Wein: ein trockener körperreicher Rotwein (Lison Pramaggiore Cabernet)

Das Perlhuhn mit seinem feinen Wildgeschmack wird von den Bewohnern des Veneto besonders geschätzt. Die Würzmischung *peverada* wird auch für andere gebratene Geflügel- und Federwildarten verwendet. Manche Köche ersetzen den Knoblauch durch eine halbe Zwiebel, andere den Pfeffer durch fein gehackte eingelegte Chillies.

Für 6 Personen
Vorbereitungszeit: 20 Minuten
Schwierigkeitsgrad: einfach

800 g Rinderfilet bester Qualität, in sehr dünne Scheiben geschnitten
4 Eigelb
1/2 EL Senfpulver
Frisch gepresster Saft von 1/2 Zitrone
Salz nach Geschmack
500 ml natives Olivenöl extra
3 Tropfen Worcestersoße
1 EL Weißweinessig

Empfohlener Wein: ein trockener Weißwein (Soave Classico Superiore)

Carpaccio

Rindercarpaccio mit aromatischem Dressing

Die Filetscheiben auf einer Servierplatte anrichten, mit Frischhaltefolie abdecken und für 15 Minuten in den Kühlschrank stellen. • In der Zwischenzeit das Dressing zubereiten. Dafür in einer Schüssel Eigelb, Senfpulver, Zitronensaft und eine Prise Salz vermischen. Die Mischung mit einem Schneebesen oder einem Handrührgerät verquirlen und dabei nach und nach in dünnem Strahl das Öl zugießen, bis eine sämige Sauce entsteht und das Öl fast oder ganz aufgebraucht ist. • Worcestersoße und Essig hinzufügen. • Das Fleisch aus dem Kühlschrank nehmen und das Dressing von einer Gabel im Gittermuster über die Filetscheiben tropfen lassen. • Sofort servieren. Getrennt dazu das übrige Dressing und gemischten grünen Salat reichen.

Dieses Rezept soll eine Erfindung des *padrone* von Harry's Bar in Venedig sein, um den gelangweilten Gaumen einer vornehmen Venezianerin zu kitzeln. Das Rinderfilet muss papierdünn geschnitten werden - am besten vom Metzger - und sollte am selben Tag verzehrt werden. Statt der hier beschriebenen klassischen Zubereitung können zum *Carpaccio* auch ein Dressing aus nativem Olivenöl extra, Zitronensaft und frisch gemahlenem schwarzem Pfeffer oder 100 g Rucola (auch in dünne Scheiben geschnittene Artischockenherzen) und 200 g gehobelter Parmesan gereicht werden.

Sardoni alla greca

Gebackene Sardinen mit Knoblauch und Zitrone

Für 6 Personen
Vorbereitungszeit: 20 Minuten
Garzeit: 20 Minuten
Schwierigkeitsgrad: einfach

1 kg große (oder kleine) Sardinen
2 EL fein gehackte frische Petersilie
1 Knoblauchzehe, fein gehackt
Salz nach Geschmack
125 ml natives Olivenöl extra
125 ml Weißweinessig
Frisch gepresster Saft von 2 Zitronen

Empfohlener Wein: ein trockener Weißwein (Croara)

Die Sardinen behutsam entschuppen, die Köpfe abschneiden. Sardinen an der Bauchseite längs aufschneiden, ausnehmen und auseinanderklappen. • Die ausgenommenen Fische von der breiteren Kopfseite her aufrollen und dicht nebeneinander in eine leicht geölte Auflaufform setzen. • Petersilie und Knoblauch vermischen und über die Sardinen streuen. Mit Salz würzen und das Öl darüber verteilen. • Die Sardinen mit Essig und Zitronensaft beträufeln und in den vorgeheizten Ofen schieben. 20 Minuten bei 200 °C (Umluft 180 °C) backen. • Heiß oder von Raumtemperatur servieren.

Der Name des Rezepts – *alla greca* – deutet zwar einen griechischen Ursprung an, dennoch hat dieses Gericht seit Jahrhunderten seinen festen Platz in der venezianischen Küche.

Für 6 Personen
Vorbereitungszeit: 40 Minuten
Garzeit: 1 3/4 Stunden
Schwierigkeitsgrad: relativ einfach

1 Ente (2 kg), küchenfertig
60 g *soppressa veneta* (oder eine andere italienische Wurst), ohne Haut
100 g Entenleber (ersatzweise Hühnerleber), fein gehackt
60 g Parmesan, frisch gerieben
1 Ei
2 EL fein gehackte frische Petersilie
Salz
Frisch gemahlener schwarzer Pfeffer
60 g Semmelbrösel
50 g Schweinespeck, fein gehackt
1 Zweig frischer Rosmarin, Blätter gehackt
75 ml natives Olivenöl extra
60 g Butter
2 frische Salbeiblätter

Empfohlener Wein: ein trockener Rotwein (Piave Raboso)

Die Enten waren immer schon ein besonderer Favorit auf dem venezianischen Speiseplan. Gefüllte Ente war das traditionelle Gericht zum Fest des Erlösers. Für eine aromatische Variante 3 fein zerkrümelte *amaretti* (Mandelmakronen) mit 60 g Semmelbröseln vermischen, mit Marsala tränken und zu der Füllung geben.

Anatra ripiena

Gefüllte Ente

Eventuell noch an der Ente vorhandenen Federn mit einer brennenden Kerze absengen und restliche Kiele herausziehen. Die Ente von innen und außen waschen und trocken tupfen. • Die Wurstmasse mit der Leber, dem Parmesan, dem Ei und der Petersilie in eine Schüssel geben und gründlich vermischen. Mit Salz und Pfeffer würzen. • Zu einer großen Kugel formen, die in die Bauchöffnung der Ente passt, und in Semmelbröseln wälzen. • Die Ente von innen und außen mit Salz und Pfeffer würzen und die Bauchhöhle mit der Wurstmischung füllen. Die Öffnung mit Küchengarn zunähen. • Das Äußere der Ente mit Schweinespeck einreiben und mit Rosmarin bestreuen. • In einen Bräter oder eine ovale feuerfeste Form geben, Öl, Butter und Salbei hinzufügen und im vorgeheizten Ofen 1 3/4 Stunden bei 180 °C (Umluft 160 °C) backen. • Die fertig gegarte Ente in mindestens 6 Stücke teilen und die Füllung in Scheiben schneiden. Auf einer vorgewärmten Servierplatte anrichten, etwas Bratensaft darüber schöpfen und servieren.

Petto d'anatra in agrodolce

Entenbrust in süßsaurer Sauce

Für 6 Personen
Vorbereitungszeit: 20 Minuten
Garzeit: 20 Minuten
Schwierigkeitsgrad: einfach

6 Entenbrüste, jeweils 200 g
Salz nach Geschmack
Frisch gemahlener schwarzer Pfeffer
100 g Butter
Je 1/2 TL Fenchelsamen, Anissamen, Kreuzkümmel, Korianderkörner, Zimt
1 EL Sesamsamen
1 kleines Stück frische Ingwerwurzel, geschält und fein gehackt
1 EL klarer, flüssiger Honig
800 ml Rotweinessig von bester Qualität
300 ml Kalbs- oder Entenfond, selbst zubereitet

Die Entenbrüste waschen und gründlich trocken tupfen. Mit Salz und Pfeffer würzen. • In einer Pfanne 30 g Butter zerlassen, die Entenbrüste hineingeben und bei mittlerer Hitze in 5-6 Minuten von beiden Seiten anbraten. Herausnehmen und warm stellen. • Das überschüssige Fett des Bratensafts abschöpfen und wegschütten. Die Gewürze in den Bratensaft einrühren. (Nach Möglichkeit ganze Körner und Samen sowie ein Stück Zimtstange verwenden und zusammen im Mörser fein zerstoßen.) • Den Honig hinzufügen und nach 1 oder 2 Minuten den Essig dazugießen. Wenn der Essig eingekocht ist, mit Brühe oder Fond aufgießen. • Die Sauce bei starker Hitze auf die Hälfte einkochen lassen. Vom Herd nehmen, die restliche Butter unterrühren und mit einer Gabel leicht aufschlagen. • Die Entenbrüste in 1 1/2–2 cm dicke Scheiben schneiden und auf einer vorgewärmten Servierplatte anrichten. Mit der Sauce begießen und servieren.

Empfohlener Wein: ein leichter trockener Weißwein (Soave)

Ente wird im Veneto vor allem in den Sommermonaten (Juli bis September) gegessen und bildet an vielen Festtagen und zu anderen feierlichen Anlässen den Mittelpunkt der festlichen Tafel. Die bunte Vielfalt an Gewürzen und Aromen dieses Rezepts zeigt die Einflüsse des Mittleren und Fernen Ostens. In warmem Wasser gelöster Fleischextrakt (Liebig) ist ein guter Ersatz für den klassischen Kalbs- oder Entenfond (*fond brun*).

Venedigs Fischspezialitäten

Das Geheimnis der Zubereitung von Fisch und Meeresfrüchten liegt stets in der Frische des Fangs. In Venezien werden in der Lagune und an der Adriaküste täglich frischer Fisch und Meeresfrüchte gefangen. Sie kommen noch in den frühen Morgenstunden auf die Märkte und zur Mittagszeit sind daraus bereits verführerische Gerichte entstanden. Da verwundert es kaum, dass Fisch und Meeresfrüchte die Grundlage der venezianischen Küche bilden. Ungewöhnlich ist aber, dass die Venezianer bei dem reichen und hochwertigen Angebot an Meerestieren eine so große Vorliebe für Stockfisch, getrockneten Kabeljau, hegen und zahlreiche Rezepte dafür ersonnen haben. Als man in Venedig 1432 erstmals Bekanntschaft mit dem Stockfisch machte, war niemand sonderlich begeistert. Da frischer Fisch im Inland jedoch nicht immer leicht erhältlich war und die strengen Gesetze des Konzils von Trient Fleisch zu bestimmten Zeiten im Jahr verboten, wurde Stockfisch bald zu einer beliebten Alternative. Die Kirche schätzte ihn sehr und einige der besten Rezepte stammen sogar aus den Küchen religiöser Orden. Ein klassisches Beispiel dafür ist *Stockfisch Kapuziner Art* (s. Rezept S. 76): Dem Stockfisch werden Knoblauch, Petersilie, Sultaninen und Pinienkerne zugefügt. Zwei weitere typische Rezepte sind *Stockfisch-Mousse* (s. Rezept S. 57) und *Stockfisch Venezianische Art* (s. Rezept S. 75) mit Sardellen. Für diese Gerichte gibt es eine beinah endlose Zahl regionaler Varianten.

Die Bezeichnung Stockfisch stammt aus dem Niederländischen und bezieht sich auf die Methode, den Fisch an Stöcken zu trocknen. Der verwendete Kabeljau wird vor den Lofoten in Norwegen gefangen, ausgenommen, vom Kopf befreit und am Schwanz an Holzrahmen aufgehangen, um ihn an der Luft vollständig trocknen zu lassen. Der begehrteste (und darum auch teuerste) Stockfisch in Venedig heißt ragno – nach dem Namen des größten norwegischen Exporteurs Ragnar. Stockfisch von Ragnar ist bis zu 80 cm lang und ganz weiß. Nach dem Einweichen wird das magere Fleisch leicht durchscheinend.

Nichts ist typischer für die venezianische Küche als Fisch und Meeresfrüchte. In den besten Restaurants werden frisch gefangene Meerestiere in gekühlten Vitrinen angeboten, die die Gäste zu einem delikaten Mittag- oder Abendessen verführen. Viele der besten Spezialitäten werden nur leicht gegart und mit etwas Olivenöl, Zitrone, Knoblauch oder Petersilie serviert: Frische und Qualität des Fangs garantieren den Genuss.

Baccalà alla vicentina

Stockfisch Venezianische Art

Den Fisch enthäuten, dabei das Fleisch möglichst unversehrt lassen. Behutsam alle Gräten entfernen. • In einer Pfanne 100 ml Öl erhitzen, die Zwiebeln und den Knoblauch hineingeben und anbraten. Erst die Sardellen, dann die Petersilie dazugeben. • Den Fisch an der Seite vorsichtig öffnen, damit er nicht auseinander bricht, und die Zwiebel-Sardellen-Mischung in die Öffnung füllen. Mit Mehl bestäuben und mit 50 g Parmesan bestreuen. Mit Salz und Pfeffer würzen. Den Fisch behutsam wieder zudrücken. • Den Stockfisch quer in 5 cm dicke gefüllte Steaks schneiden. Die Steaks im übrigen Mehl und Parmesan wälzen. • Die Steaks nebeneinander in eine Auflaufform oder eine Kasserolle mit dickem Boden legen, in die genau eine Schicht passen sollte. Die Milch und das restliche Öl dazugießen. • Bei schwacher Hitze mindestens 4 Stunden garen. Die Form ab und zu vorsichtig rütteln, damit die Steaks nicht haften bleiben. • Nach dem Garen sofort servieren oder am nächsten Tag nochmals erwärmen.

Für 6 Personen
Vorbereitungszeit: 30 Minuten
+ 24 Stunden zum Wässern
Garzeit: 4 Stunden
Schwierigkeitsgrad: relativ einfach

1 kg Stockfisch (ein möglichst breites Stück), gewässert, dabei das Wasser oft gewechselt
500 ml natives Olivenöl extra
500 g Zwiebeln, fein gehackt
2 Knoblauchzehen, fein gehackt
4 Sardellen in Salzlake, gewaschen, entgrätet, fein gehackt (oder 8 Sardellenfilets)
2 EL fein gehackte frische Petersilie
100 g Mehl
100 g Parmesan, frisch gerieben
Salz nach Geschmack
Frisch gemahlener schwarzer Pfeffer
500 ml Milch

Empfohlener Wein: ein leichter trockener Rotwein (Colli Berici Tocai Rosso di Barbarano)

Als *baccalà* bezeichnet man in Venetien getrockneten Kabeljau aus den nördlichen Meeren, der nicht eingesalzen, sondern zum Trocknen in die Sonne gehängt wird.

Baccalà alla cappuccina

Stockfisch Kapuziner Art

Für 6 Personen
Vorbereitungszeit: 20 Minuten
+ 24 Stunden zum Wässern
Garzeit: 40 Minuten
Schwierigkeitsgrad: relativ einfach

800 g Stockfisch, gewässert, dabei das Wasser oft gewechselt
100 g Mehl
125 ml natives Olivenöl extra
30 g Butter
1 Gemüsezwiebel, fein gehackt
2 Lorbeerblätter
4 Sardellenfilets
60 g Sultaninen, eingeweicht
60 g Pinienkerne
2–3 TL Zucker
1 Messerspitze Zimt
1 Messerspitze geriebene Muskatnuss
Salz nach Geschmack
Frisch gemahlener schwarzer Pfeffer
60 g Semmelbrösel

Empfohlener Wein: ein trockener Weißwein (Colli Berici Chardonnay)

Den Stockfisch in kleine Stücke schneiden, von allen Gräten befreien und kurz im Mehl wenden. • In einer Auflaufform oder einer Kasserolle Öl und Butter erhitzen, die Zwiebel hineingeben und weich braten. • Den Fisch dazugeben und mit Wasser bedecken. Lorbeerblätter, Sardellen, Sultaninen, Pinienkerne, Zucker, Zimt und Muskat hinzufügen. • Bei schwacher Hitze köcheln lassen, bis der Fisch fast die gesamte Flüssigkeit aufgenommen hat. Mit Salz und Pfeffer würzen. Mit Semmelbröseln bestreuen und im vorgeheizten Backofen bei 180 °C (Umluft 160 °C) goldbraun überbacken. • Heiß servieren.

Für eine Variante dieses Rezepts die gleiche Menge Stockfisch 10 Minuten pochieren, danach in kleine Stücke zupfen und mit nativem Olivenöl extra, fein gehacktem Knoblauch und Petersilie, Salz und Pfeffer vermischen.

Sardelle in saor

Sardinen süßsauer mariniert

Für 6 Personen
Vorbereitungszeit: 20 Minuten
+ 24 Stunden zum Marinieren
Garzeit: 20 Minuten
Schwierigkeitsgrad: einfach

1 kg sehr frische Sardinen, entschuppt, gewaschen
Öl zum Braten
Salz
125 ml natives Olivenöl extra
800 g weiße Zwiebeln, in dünne Scheiben geschnitten
300 ml Weißweinessig
100 g Mehl

Empfohlener Wein: ein trockener Weißwein (Lison Pramaggiore Sauvignon)

Die Sardinen ausnehmen, gründlich waschen und mit Küchenpapier trocken tupfen. Kurz im Mehl wenden. In einer gusseisernen Pfanne reichlich Öl erhitzen und die Sardinen darin portionsweise braten. Die gebratenen Sardinen aus dem Öl nehmen, kurz auf Küchenpapier abtropfen lassen und von beiden Seiten mit Salz würzen. • Die Pfanne vom Herd nehmen, etwas abkühlen lassen und das Öl vorsichtig in einen hitzebeständigen Behälter gießen. • In derselben Pfanne das Olivenöl erhitzen, die Zwiebeln hineingeben und bei schwacher Hitze langsam goldbraun braten. Essig angießen und zu einem Großteil einkochen lassen. Vom Herd nehmen. • Die Sardinen abwechselnd mit den Zwiebeln und der Garflüssigkeit in eine tiefe Form schichten, mit einer Schicht Zwiebeln und Flüssigkeit abschließen. • Die Form an einen kühlen Ort stellen und die Sardinen vor dem Servieren mindestens 1 Tag in der Marinade ruhen lassen.

Dieses einfache, aber ebenso appetitliche wie kräftigende Gericht ist ideal für ein sommerliches Abendessen. Dazu passen kalte Polentascheiben. Das älteste überlieferte Rezept empfiehlt, den Zwiebelschichten noch Pinienkerne und eingeweichte, abgetropfte Sultaninen hinzuzufügen.

Rombo ai funghi

Steinbutt mit Pilzen

Für 6 Personen
Vorbereitungszeit: 20 Minuten
Garzeit: 35 Minuten
Schwierigkeitsgrad: einfach

1 Steinbutt (2 kg)
2 EL natives Olivenöl extra
100 g Butter, in Flöckchen zerteilt
60 g Mehl
Salz
Frisch gemahlener weißer Pfeffer
250 ml süßer Tokajer
300 g Pilze (Steinpilze oder eine andere Sorte), gesäubert, geputzt, in dünne Scheiben geschnitten

Den Steinbutt ausnehmen, säubern und enthäuten (oder vom Fachhändler küchenfertig vorbereiten lassen). Waschen und trocken tupfen. • Das Öl und 30 g Butter in eine ovale Auflaufform geben. Den Fisch kurz im Mehl wenden und in die Form legen. Mit Salz und Pfeffer würzen. Weitere 30 g Butter in Flöckchen auf den Fisch verteilen. • Im vorgeheizten Ofen 10 Minuten bei 200 °C (Umluft 180 °C) backen. • Die Form aus dem Ofen nehmen, den Wein über den Fisch gießen und für weitere 15 Minuten in den Ofen schieben. • In einer Pfanne die restliche Butter zerlassen, die Pilze hineingeben und bei mittlerer Hitze 15 Minuten braten. Mit Salz und Pfeffer würzen und vom Herd nehmen. • Den Fisch aus dem Ofen nehmen und auf einer vorgewärmte Servierplatte anrichten. Die Garflüssigkeit aus der Auflaufform zu den Pilzen geben und bei mittlerer Hitze 5 Minuten einkochen lassen. • Die Pilze auf dem Fisch verteilen, die Flüssigkeit darüber träufeln und den Fisch servieren.

Empfohlener Wein: ein trockener Weißwein (Soave classico)

Für dieses Rezept eignet sich Steinbutt am besten. Sein festes, delikates Fleisch sollte auf keinen Fall zu lange gegart werden.

Für 6 Personen
Vorbereitungszeit: 25 Minuten
Garzeit: 40-45 Minuten
Schwierigkeitsgrad: anspruchsvoll

1,3 kg kleine Tintenfische
125 ml natives Olivenöl extra
1 kleine Zwiebel, fein gehackt
2 Knoblauchzehen, fein gehackt
250 ml trockener Weißwein
Salz nach Geschmack
Frisch gemahlener schwarzer Pfeffer

Empfohlener Wein: ein trockener Weißwein (Bianco di Custoza)

Seppie col nero

Tintenfische in eigener Tinte

Kopf und Tentakel der Tintenfische aus dem Körper herausziehen, das Fischbein entfernen und die Körpermäntel in der Mitte aufschneiden. Den Tintenbeutel vorsichtig entfernen und beiseite legen. • Die Tintenfische unter fließendem kaltem Wasser waschen, dabei den Schleim auf den Innenseiten der Beutel und die dünne violett schimmernde Haut entfernen. • Die Körpermäntel in 1 cm breite Streifen schneiden. 4–5 Tintenbeutel öffnen und die Tinte in einer Tasse auffangen. • In einem tiefen Topf mit schwerem Boden das Öl erhitzen, die Zwiebel und den Knoblauch hineingeben und goldbraun anbraten. • Die Tintenfischstreifen dazugeben und einige Minuten mitbraten. Den Wein angießen und einkochen lassen. • Die Tinte mit 2–3 EL heißem Wasser verdünnen und in den Topf geben. Kurz umrühren, und zugedeckt bei niedriger Temperatur 40 Minuten köcheln lassen. • Ab und zu vorsichtig umrühren. Wenn nötig, 2–3 EL heißes Wasser dazugießen. • Wenn der Tintenfisch gar ist, diesen mit Salz und Pfeffer würzen. • Sehr heiß servieren. Dazu passt frisch zubereitete, weiche Polenta.

Die besonders schmackhaften kleinen Tintenfische werden vor allem im Frühling gefangen, aber die etwas größeren Exemplare, die bis in den Spätsommer hinein erhältlich sind, eignen sich ebenso gut für dieses Rezept.

Caparossoli in cassopipa

Muscheln in Wein

Für 6 Personen
Vorbereitungszeit: 20 Minuten
Garzeit: 15 Minuten
Schwierigkeitsgrad: einfach

125 ml natives Olivenöl extra
1 Zwiebel, fein gehackt
1,3 kg frische Venusmuscheln in der Schale, sorgfältig gesäubert und geputzt
250 ml süßer Tokajer
2 EL fein gehackte frische Petersilie

In einem Topf das Öl erhitzen, die Zwiebel hineingeben und goldbraun anbraten. • Die Muscheln hinzufügen, den Wein angießen und 3-4 Esslöffel heißes Wasser hinzufügen. Den Topf zudecken und alles 15 Minuten bei niedriger Temperatur köcheln lassen. • In der Zwischenzeit sollten sich die Muscheln geöffnet haben. Noch geschlossene Muscheln entfernen. • Mit Petersilie bestreut servieren.

Empfohlener Wein: ein trockener Weißwein (Breganze Pinot Grigio)

Am besten gelingt dieses Gericht in einer feuerfesten Steingutschüssel. Statt der Zwiebel kann auch Knoblauch verwendet werden, den man im Ganzen (geschält und leicht zerdrückt) mitgart. Sobald er sich verfärbt, wird er entfernt. Eine gemischte *cassopipa* wird auf die gleiche Weise zubereitet: erst Venusmuscheln, dann Miesmuscheln hinzufügen und zum Schluß, wenn erhältlich, noch Scheidenmuscheln dazugeben.

Verdure

Die Region Venetien ist berühmt für die zahlreichen und hochwertigen Produkte ihrer Gärtnereien. Die Gebiete um Mestre und Chioggia stehen im Ruf, das beste Gemüse zu produzieren. Zarter weißer Spargel und Lamon-Bohnen aus Venetien werden in ganz Italien verkauft. Das bekannteste venezianische Gemüse ist jedoch der Trevisaner Radicchio. Dieser knackige und nur leicht bittere Radicchio wird in Salaten verwendet, aber auch überbacken oder gegrillt. Man isst ihn heiß oder von Raumtemperatur, mit etwas nativem Olivenöl extra beträufelt und reichlich frisch gemahlenem schwarzem Pfeffer bestreut. Sehr beliebt sind auch wild wachsende grüne Salatsorten, die auf dem Feld oder an den vielen Kanälen gepflückt werden.

Radici di campo fumegà

Wilde Radieschen mit Speck und Zwiebeln

Für 6 Personen
Vorbereitungszeit: 15 Minuten
Garzeit: 20 Minuten
Schwierigkeitsgrad: einfach

900 g wilde Radieschen (ersatzweise frische kleine Zuchtradieschen)
5 EL natives Olivenöl extra
100 g geräucherter magerer Speck (*pancetta*), in feine Würfel geschnitten
1 Zwiebel, fein gehackt
Salz nach Geschmack

Wilde Radieschen mit einem scharfen Messer unter fließendem kaltem Wasser sauber schaben und die Blätter gründlich waschen. Bei wilden wie gezüchteten Radieschen das dünne Ende der Wurzel abschneiden. In einer Pfanne mit schwerem Boden das Öl erhitzen, den Speck und die Zwiebel hineingeben und anbraten. Die Radieschen mit Blattgrün hinzufügen, mit etwas Salz würzen, alles vermischen und bei schwacher Hitze etwa 20 Minuten braten. Heiß zu gebratenem Fleisch oder Geflügel servieren.

In Venetien heißt das leicht bitter schmeckende wilde Radieschen *fratocio* und wird im Frühling auf den Feldern gesammelt.

Fondi di carciofo

Geschmorte Artischockenherzen

Für 6 Personen
Vorbereitungszeit: 15 Minuten
Garzeit: 25 Minuten
Schwierigkeitsgrad: einfach

125 ml natives Olivenöl extra
2 EL fein gehackte frische Petersilie
1 Knoblauchzehe, fein gehackt
12 frische Artischockenherzen (ersatzweise tiefgekühlte rohe Artischockenherzen)
Salz nach Geschmack
Frisch gemahlener schwarzer Pfeffer

Empfohlener Wein: ein leichter trockener Weißwein (Soave)

In einer möglichst tiefen Pfanne mit schwerem Boden oder einer flachen Auflaufform das Öl erhitzen. Petersilie und Knoblauch hineingeben und bei schwacher Hitze braten. • Artischockenherzen dazugeben, mit Wasser bedecken und mit Salz und Pfeffer würzen. Zugedeckt bei niedriger Temperatur 10-12 Minuten garen. Den Deckel abnehmen und die Garflüssigkeit weitere 10 Minuten einkochen lassen. • Heiß oder warm servieren.

Artischockenherzen sind die Böden der Blütenköpfe, die nach Entfernen der Blätter und des „Heus“ übrig bleiben. In Venedig halten die Händler sie gleich in mit Zitronensaft versetztem kalten Wasser bereit. So kann man verhindern, dass sie sich braun färben. Vor Zugabe des Wassers kann man auch 125 ml trockenen Wein angießen und einkochen lassen. Alternativ die Artischockenherzen 15 Minuten in kochendem Wasser mit Salz und Zitronensaft blanchieren. Danach abtropfen lassen und mit dem Knoblauch-Petersilie-Öl vermischen.

Für 6 Personen
Vorbereitungszeit: 5 Minuten
Garzeit: 30 Minuten
Schwierigkeitsgrad: einfach

1 kg mittelgroße festkochende Kartoffeln
80 g Butter
100 ml natives Olivenöl extra
1 Zwiebel, in dünne Scheiben geschnitten
Salz nach Geschmack
2 EL fein gehackte frische Petersilie

Empfohlener Wein: ein leichter trockener Weißwein (Lison Pramaggiore Verduzzo)

Patate alla Veneziana

Kartoffeln Venezianische Art

Die Kartoffeln waschen, schälen und in kleine, mundgerechte Stücke schneiden. • In einer Pfanne die Butter mit dem Öl erhitzen und die Zwiebel bei schwacher Hitze braten, bis sie goldgelb ist. • Die Kartoffeln hinzufügen und 30 Minuten unter häufigem Wenden mitbraten. Erst kurz vor dem Servieren mit etwas Salz würzen, damit sie nicht weich werden. • Mit Petersilie bestreuen und heiß servieren.

Kartoffeln bilden die perfekte Beilage für die vielen Schmor- und Fischgerichte, die für diese Region so charakteristisch sind. Dieses einfache Rezept ist typisch für die bodenständige Alltagsküche der Bewohner Venetiens.

Fasioi in salsa

Bohnen in Sardellen-Knoblauch-Dressing

Für 6 Personen
Vorbereitungszeit: 10 Minuten + 12 Stunden Einweichzeit bei getrockneten Bohnen + 1 Stunde zum Durchziehen
Garzeit: 2¼ Stunden
Schwierigkeitsgrad: einfach

400 g getrocknete Bohnen oder 750 g frisch gepalte Bohnen
Salz nach Geschmack
75 ml natives Olivenöl extra
1 Knoblauchzehe, geschält, ganz
2 EL fein gehackte frische Petersilie
6 Sardellen in Salzlake, entgrätet, oder 12 Sardellenfilets
250 ml Rotweinessig
Frisch gemahlener schwarzer Pfeffer

Empfohlener Wein: ein leichter trockener Weißwein (Piave Chardonnay)

Die getrockneten Bohnen über Nacht in viel kaltem Wasser einweichen. • Die Bohnen abtropfen lassen, in einen Topf geben und mit frischem kaltem Wasser bedecken. Zum Kochen bringen und bei schwacher Hitze mindestens 2 Stunden köcheln lassen. Erst kurz vor Ende der Garzeit mit Salz würzen, damit die Haut der Bohnen nicht hart wird. • In einem nichtmetallischen Topf das Öl erhitzen, Knoblauch und Petersilie hineingeben und bei schwacher Hitze braten. Den Knoblauch entfernen, sobald er sich zu verfärben beginnt. Die Sardellen hinzufügen und bei niedriger Temperatur mitbraten, bis sie sich ganz mit dem Öl verbunden haben. • Den Essig angießen. Mit reichlich frisch gemahlenem Pfeffer würzen und alles weitere 10 Minuten köcheln lassen. • Die fertig gegarten Bohnen abtropfen lassen und auf einen Servierteller geben. Mit dem Dressing beträufeln und vor dem Servieren 1 Stunde bei Raumtemperatur durchziehen lassen.

Dieses klassische Sardellen-Dressing eignet sich hervorragend für Cannellini- und Borlotti-Bohnen.

Radicchio alla trevigiana

Radicchio Trevisaner Art

Für 6 Personen
Vorbereitungszeit: 10 Minuten
Garzeit: 20 Minuten
Schwierigkeitsgrad: einfach

6 Köpfe länglicher Radicchio (Radicchio di Treviso)
3–4 EL natives Olivenöl extra
Salz nach Geschmack
Frisch gemahlener schwarzer Pfeffer

Die Radicchio-Köpfe waschen, gut abtropfen lassen und restliches Wasser herausschütteln. Das Stielende abschneiden und jeden Kopf längs vierteln. • Eine große Pfanne mit Öl einfetten und die Radicchio-Viertel nebeneinander hineinlegen. Mit dem übrigen Öl beträufeln, mit Salz und Pfeffer würzen und bei schwacher Hitze 20 Minuten ohne Deckel braten, bis der Radicchio weich ist, aber noch Biss hat. • Zu Fleisch- oder Wildgerichten servieren.

Dieses Rezept präsentiert Radicchio di Treviso, der an der länglichen Form zu erkennen ist, von seiner besten Seite: zart, aber noch leicht knackig im Biss und äußerst delikat. Traditionell wird er unter mehrmaligem Wenden auf einem Gitter über Holzkohlenglut gegrillt.

Der Gewürzhandel

Dank des jahrhundertelangen Einflusses des Orients begegnet man in der venezianischen Küche den unterschiedlichsten Aromen – ob süß, sauer oder salzig. Um das Jahr 1000 war Venedig einer der größten Mittelmeerhäfen und trieb regen Seehandel mit dem Mittleren Osten. Als wichtigster Handelsknotenpunkt verkaufte man die verschiedensten importierten Waren nach ganz Europa: Metalle, teure Stoffe, Schmuck, Parfüm, Elfenbein, Räucherwerk und vor allem Gewürze. Venedig hatte sich bald das Handelsmonopol für Gewürze gesichert, die man in Europa nicht nur wegen des Geschmacks und der medizinischen Wirkungen schätzte. Europa war fasziniert von den Kulturen des Mittleren Ostens, die ihre Speisen mit anregenden Gewürzen verfeinerten – ein großer Gegensatz zu der spirituellen Strenge des Christentums. Die Waren auf Venedigs Schiffen stammten aus dem gesamten Mittelmeerraum: Aus Alexandria, Damaskus und Kairo brachten sie Pfeffer, Muskat, Gewürznelken, Zimt, Macis, Ingwer und Kreuzkümmel nach Hause, von Kreta Wein und Käse und aus Korinth und Zante Rosinen und Pinienkerne. Ab dem 11. Jahrhundert erlaubten die Kreuzzüge eine weitere Gewinnsteigerung. Die Venezianer beförderten in ihren Galeeren Kreuzritter zu den Häfen im Osten, wo diese in den heiligen Krieg zogen. Für den Rückweg belud man die Schiffe mit Gewürzen und anderen Gütern. Damals begann Venedig auch mit Zucker zu handeln und besaß dank neuer Gesetze und Abkommen mit den Erzeugerländern Ägypten und Syrien bald das Monopol. Auf der Rialtobrücke wurde das Luxusgut Zucker, das man für therapeutische Zwecke nutzte, zu beinah unerschwinglichen Preisen verkauft.

Pfeffer war eines der kostbarsten Gewürze, das man seit alter Zeit zur Konservierung von Fleisch und zur Verbesserung seines manchmal leicht verdorbenen Geschmacks benutzte. Häufig diente Pfeffer auch zur Herstellung von Parfüm und Medizin. Alexander der Große hatte das indische Gewürz nach Europa gebracht, dessen Verwendung sich über das gesamte Mittelmeerebiet ausdehnte. Pfeffer war so wertvoll, dass er in vielen Ländern des Mittleren Ostens zum Kauf edler orientalischer Waren diente. Europäische Herrscher verwendeten Säcke voll Pfeffer als Sicherheit für Darlehen, und sogar Venedig, dessen Warenhäuser in Alexandria vor allem mit Pfeffer handelten, akzeptierten ihn als Zahlungsmittel für viele Güter.

Immer wieder begegnet man in der Küche Venetiens einem süßsauren Aroma, von den Venezianern dolcegarbo *genannt. Zimt, Ingwer, Muskat, Gewürznelken und Kreuzkümmel werden mit dem süßlichen Geschmack weißer Zwiebeln kombiniert, die man langsam in Öl brät und mit Sultaninen oder Pinienkernen verfeinert. Raffiniert abgerundet wird die Mischung durch etwas scharf-aromatischen Essig. Varianten dieser süßsauren Gaumenfreude sind Bestandteil zahlloser Fisch-, Gemüse- und Fleischgerichte.*

Paolo Veronese (etwa 1528 – 88) ist einer der bedeutendsten italienischen Maler des 16. Jahrhunderts. Der gebürtige Veroneser gehörte zur venezianischen Schule. Sein Gemälde „Hochzeit zu Kana" drückt all die Faszination aus, die der Orient auf das damalige Europa ausübte.

Für 6 Personen
Vorbereitungszeit: 10 Minuten
Garzeit: 2 Stunden
Schwierigkeitsgrad: einfach

1 Wirsing (2 kg)
100 g Schweinespeck, fein gehackt (ersatzweise Butter oder natives Olivenöl)
1 Zweig frischer Rosmarin
1 Knoblauchzehe, geschält, leicht zerdrückt
Salz nach Geschmack
100 ml trockener Weißwein

Empfohlener Wein: ein leichter trockener Weißwein (Piave Chardonnay)

Verze sofegae

Wirsing im Schmortopf

Die kräftigeren Außenblätter des Wirsings entfernen und wegwerfen. Die Blätter einzeln vom Strunk abtrennen und jeweils das harte Mittelstück herausschneiden. Die Wirsingblätter waschen und in Streifen schneiden. ◦ Den Schweinespeck zusammen mit dem Rosmarin mit einem Wiegemesser oder einem schweren Küchenmesser fein hacken. Mit dem Knoblauch in einen Topf mit schwerem Boden geben und kurz anbraten. Den Knoblauch entfernen, sobald er sich zu verfärben beginnt. ◦ Den in Streifen geschnittenen Wirsing hinzufügen und mit einer Prise Salz würzen. Zugedeckt bei schwacher Hitze etwa 1 Stunde schmoren lassen, dabei häufig umrühren, damit er nicht anbrennt. ◦ Mit dem Wein aufgießen und 1 weitere Stunde schmoren. ◦ Dampfend heiß servieren.

Geschmorter Wirsing ist die klassische winterliche Gemüsebeilage zu deftigen Gerichten mit Schweinefleisch und Wurst.

Asparagi di Bassano

Spargel mit Ei-Dressing

Für 6 Personen
Vorbereitungszeit: 15 Minuten
Garzeit: 15 Minuten
Schwierigkeitsgrad: einfach

$1^1/_2$ kg frischer grüner Spargel
Salz nach Geschmack
4 Eier, hart gekocht
3 EL natives Olivenöl extra
2 EL Weißweinessig
Frisch gemahlener schwarzer Pfeffer

Empfohlener Wein: ein leichter aromatischer Weißwein (Veneto Orientale Riesling Italico)

Den Spargel mit einem kleinen, scharfen Messer am unteren, festeren Ende schälen. Den Spargel gründlich waschen und mit Küchengarn zu Bündeln zusammenbinden. Die Spargelspitzen sollten dabei auf gleicher Höhe liegen. Die Enden auf gleiche Länge schneiden. • Die Spargelbündel mit den Enden nach unten in einen hohen Topf geben. Mit so viel kaltem gesalzenem Wasser bedecken, dass die Spitzen aus dem Wasser ragen. Zugedeckt zum Kochen bringen. Bei schwacher Hitze etwa 15 Minuten garen (Garzeit variiert je nach Dicke der Stangen). • Den Spargel vorsichtig aus dem Topf heben und in einem Sieb kurz unter kaltes fließendes Wasser halten, damit der Garprozess unterbrochen wird und der Spargel seine appetitliche grüne Farbe behält. • Die Eier mit einer Gabel zerdrücken, mit Öl, Essig, Salz und Pfeffer zu einem glatten Dressing vermischen. • Den Spargel auf einer Servierplatte anrichten und das Dressing über die Spitzen verteilen. Servieren.

Um dem Dressing eine pikantere Note zu verleihen, fügen manche Köche noch fein gehackte Kapern und Sardellenfilets hinzu.

Dolci

Viele Kuchen aus Venetien sind reich an Gewürzen und getrockneten Früchten – ein Zeugnis der jahrhundertealten Handelsverbindungen Venedigs mit dem Osten. Oft werden die Kuchen mit gelbem Maismehl statt mit fein gemahlenem Weizenmehl gebacken. Darüber hinaus gibt es zahlreiche Rezepte für alle Arten von Gebäck, das zum Kaffee oder zu dampfend heißer Schokolade serviert wird. Eine besondere Spezialität der Region sind frittierte Süßspeisen. Diese Leckereien aus Reis, Äpfeln, Kürbis, Creme oder süßem Brotteig isst man vor allem während des Karnevals. Zart in der Konsistenz und herrlich duftend, mit reichlich Butter gebacken und Puderzucker bestreut ist der Veroneser Hefekuchen das wohl bekannteste Dessert des Veneto.

Torta turchesca

Türkischer Kuchen

Für 6 Personen
Vorbereitungszeit: 20 Minuten
Backzeit: 40 Minuten
Schwierigkeitsgrad: einfach

Die Milch in einem kleinen Topf zum Kochen bringen. • Unter Rühren den Zucker einrieseln lassen, dann den Reis und eine Prise Salz hinzufügen. 10 Minuten garen, dabei ständig weiterrühren. Die nicht vom Reis aufgenommene Milch abgießen und den Reis in eine Schüssel geben. • Den Reis mit Mandeln, Muskatellerrosinen, Pinienkernen, Datteln, 2 Eiern und dem zusätzlichen Eigelb vermischen. Alles gut verrühren und das Zitronen- oder Rosenwasser hinzufügen. • Eine Napfkuchenform mit Butter einfetten, mit Semmelbröseln ausstreuen und die Reismischung hineinfüllen. • Im vorgeheizten Ofen 30 Minuten bei 180 °C (Umluft 160 °C) backen. • Noch warm servieren.

1 l Milch
125 g Zucker
300 g italienischer Risottoreis (Arborio) oder Milchreis
1 Prise Salz
100 g Mandeln, sehr fein gehackt
75 g Muskatellerrosinen, entkernt
40 g Pinienkerne
10 frische Datteln (ersatzweise getrocknete), entsteint, in kleine Stücke geschnitten
2 Eier
2 Eigelb
1 EL Zitronen- oder Rosenwasser
Butter und Semmelbrösel für die Backform

Empfohlener Wein: ein süßer perlender Rotwein (Valpolicella Valpaltenta Recioto Spumante)

Dieses Rezept ist eine Variante des klassischen italienischen Reiskuchens. Sein Name und die enthaltenen Datteln verraten orientalischen Einfluss. Noch mehr Aroma erhält der Kuchen durch Zugabe von je 1 Messerspitze Zimt und Safranpulver.

Pinza vicentina

Polentakuchen

Für 6 Personen
Vorbereitungszeit: 1 Stunde
Backzeit: 80 Minuten
Schwierigkeitsgrad: anspruchsvoll

Mandeln, kandierte Früchte, Feigen, Sultaninen, Fenchelsamen und Grappa in eine Schüssel geben. Gründlich vermischen und mindestens 15 Minuten ruhen lassen. • Die Milch in einem beschichteten Topf oder im Wasserbad aufkochen und bei schwacher Hitze das Mehl und den Maisgrieß hineinsieben, dabei ständig mit einem Holzlöffel rühren. Butter, Backfett, Zucker und Salz hinzufügen und weitere 10 Minuten kochen lassen. • Vom Herd nehmen. Die Mischung aus Mandeln, Früchten und Grappa dazugeben und unterrühren. • Eine Springform (Durchmesser 26 cm) mit Butter einfetten und mit etwas Mehl bestäuben. Die Teigmischung hineinfüllen und leicht von unten gegen die Form klopfen, damit sich der Teig besser verteilt und sich eine glatte Oberfläche bildet. • Im vorgeheizten Ofen 1 Stunde bei 180 °C (Umluft 160 °C) backen. Nach 30 Minuten mit Alufolie abdecken, damit der Kuchen nicht austrocknet. Der Kuchen wird schön saftig, wenn während des Backens ein kleiner hitzebeständiger Topf mit Wasser in den Ofen gestellt wird. • Polentakuchen noch warm servieren.

60 g Mandeln, blanchiert, geschält und grob gehackt
30 g gemischte kandierte Früchte (auch Kirschen), gehackt
30 g getrocknete Feigen, gehackt
30 g Sultaninen
1 TL Fenchelsamen
75 ml Grappa
1 l Milch
100 g Mehl
300 g sehr feiner Maisgrieß (Polenta)
90 g Butter
100 g Backfett (Margarine oder Schweineschmalz)
100 g extrafeiner Zucker
1 Prise Salz
Butter und Mehl für die Backform

Empfohlener Wein: ein halbtrockener oder süßer Weißwein (Soave Recioto Amabile oder Dolce)

Ob für Süßes oder Pikantes – Maisgrieß oder Polenta ist grundlegender Bestandteil der venezianischen Küche. Dieser Kuchen schmeckt am besten, wenn er gleich am Tag der Zubereitung verzehrt wird.

Torta sabbiosa

Sandkuchen

Für 6 Personen
Vorbereitungszeit: 40 Minuten
Backzeit: 45 Minuten
Schwierigkeitsgrad: relativ einfach

300 g Butter
300 g extrafeiner Zucker
3 Eier getrennt
150 g Kartoffelmehl
150 g Mehl, gesiebt
$^{1}/_{2}$ TL Backpulver
1 Prise Salz
Butter und Mehl für die Backform

Empfohlener Wein: ein trockener, halbtrockener oder süßer Schaumwein (Prosecco di Conegliano)

Die Butter in kleine Stücke schneiden, mit dem Zucker in eine Schüssel geben und mit dem Handrührgerät hell und schaumig schlagen. • 1 Eigelb hinzufügen, vollständig unterschlagen und den Vorgang mit den restlichen Eigelben jeweils wiederholen. • Kartoffelmehl, Mehl und Backpulver gut vermischen. In die Schüssel mit der Butter-Zucker-Mischung sieben und alles zu einem glatten Teig verrühren. • Eiweiß mit dem Salz zu geschmeidigem Eischnee schlagen. Mit einem Metalllöffel oder Spatel vorsichtig unter den Teig heben, damit der Eischnee nicht zusammenfällt. • In eine gefettete und mit Mehl bestäubte flache Springform (Durchmeser 26 cm) füllen. Mit der Form leicht auf die Arbeitsfläche klopfen, damit der Teig eine glatte, gleichmäßige Oberfläche bildet. • Im vorgeheizten Ofen 45 Minuten bei 180 °C (Umluft 160 °C) backen. • Den Sandkuchen auskühlen lassen und servieren.

Diese venezianische Spezialität erfreut sich in ganz Italien großer Beliebtheit. Damit der Kuchen schön mürbe wird, muss man die Butter und den Zucker sorgfältig schaumig schlagen.

Baicoli

Knusperplätzchen

Für 6 Personen
Vorbereitungszeit: 2 1/2 Stunden
+ 2 Tage Ruhezeit
Backzeit: 10 Minuten
Schwierigkeitsgrad: relativ einfach

400 g Mehl
200 ml lauwarme Milch
15 g frische Hefe
50 g extrafeiner Zucker
1 Prise Salz
100 g weiche Butter
1 Eiweiß, steif geschlagen

Empfohlener Wein: ein trockener Schaumwein (Prosecco di Conegliano)

In eine Rührschüssel 100 g Mehl sieben und in die Mitte eine Mulde drücken. • 100 ml Milch in eine kleine Schüssel füllen und die Hefe darin auflösen. • Die Milch mit der Hefe zu dem Mehl gießen und alles zu einem relativ festen Teig verrühren. • Den Teig auf einer bemehlten Arbeitsfläche durchkneten und eine Kugel formen. Den Teig oben mit einem kleinen Messer kreuzweise einschneiden und in eine leicht mit Mehl bestäubte Schüssel legen. Mit einem sauberen Küchentuch zudecken und 30 Minuten an einem warmen Ort gehen lassen. • Das übrige Mehl in eine Rührschüssel sieben und mit Zucker und Salz vermischen. Den aufgegangenen Hefeteig in die Mitte setzen und Butter und Eischnee hinzufügen. Alle Zutaten kräftig miteinander verkneten und ab und zu etwas Milch zugießen, bis die Masse die geschmeidige Konsistenz eines Brotteigs erhält. • Den Teig vierteln und zu kleinen Rollen formen. Auf ein oder mehrere leicht bemehlte Backbleche legen, mit einem sauberen Küchentuch zudecken und 2 Stunden gehen lassen. • Im vorgeheizten Backofen 10 Minuten bei 180 °C (Umluft 160 °C) goldbraun backen. • Zugedeckt 2 Tage ruhen lassen. • In sehr dünne, 3-4 mm dicke Scheiben schneiden und im vorgeheizten Backofen weitere 10 Minuten bei 160 °C (Umluft 150 °C) backen. Nach 5 Minuten wenden. Die fertigen Plätzchen sollten einen hellen Goldbraunton haben. • Abkühlen lassen und in Blechdosen luftdicht aufbewahren.

Carnevale

Die große Zahl an Feiern und Festen, die jedes Jahr in Venetien gefeiert werden, verdeutlichen den großen kulturellen Reichtum dieser Region. Am berühmtesten ist wohl der jedes Jahr im zeitigen Frühling in Venedig stattfindende *Carnevale*. In den vergangenen zwanzig Jahren hat der *Carnevale* all seine frühere Lebendigkeit wiedererlangt, obwohl der einstige Geist dieses Fests in vieler Hinsicht von dem Bedürfnis abgelöst wurde, die alljährlich nach Venedig strömenden 500 000 Touristen zu unterhalten. Neben dem populären Karneval in Venedig gibt es in der Region aber noch viele andere Feste, die einen Besuch Wert sind. Der *Carnevale* in Verona wird stets in Anwesenheit des *pappà gnocco* (Papa Klößchen) gefeiert. Weiter nördlich, in Sappada, feiern kostümierte Figuren ihren Karneval mit einem traditionellen Wettlauf auf Skiern.

Seit dem 11. Jahrhundert gehört der Carnevale *zu den beliebtesten Festen in Venetien. Das ausgelassene Treiben war schon immer ein willkommener Anlass, mit den gesellschaftlichen Normen und Regeln für kurze Zeit zu brechen. Dank der traditionellen Masken können die Kostümierten mühelos in verschiedene Rollen schlüpfen und auch mit den Autoritäten ihren Spott treiben, ohne dabei erkannt zu werden.*

Masken werden in Venedig schon seit Jahrhunderten getragen, und zwar nicht nur zum Karneval. Im 14. Jahrhundert trug man sie bei verschiedensten Anlässen, vor allem wenn diese ungesetzlich waren wie das Glücksspiel oder das Duellieren. Aus diesem Grund wurden Gesetze erlassen, die das Tragen von Masken bis zum heutigen Tag einschränken. Ein besonderes Gesetz von 1608 erlaubte die Masken nur noch zur Karnevalszeit.

In früherer Zeit erfreute sich eine weiße Maske, bekannt als „la bauta", größter Beliebtheit. Die glatte, bleiche Maske besaß nur zwei Schlitze für die Augen und sollte auf diese Weise die Stimme der Kostümierten verändern. Dazu trug man einen kurzen schwarzen Umhang und einen schwarzen Dreispitz.

Jahrhundertelang herrschte in Venedig vom 7. Januar bis zum Fastnachtsdienstag das ausgelassene Treiben des Karnevals, ehe am Aschermittwoch die Fastenzeit begann. Die schmalen Gassen und Kanäle waren voll von kostümierten Menschen, in den Palästen der Reichen wurden große Bankette abgehalten und überall in der Stadt vergnügte man sich mit traditionellen Spielen und Tänzen. Am letzten Donnerstag vor der Fastenzeit zogen maskierte Feiernde zum Markusplatz, wo geschmückte Stiere in Anwesenheit des Dogen geschlachtet wurden. Damit begann der letzte und ausgelassenste Teil der Feierlichkeiten und diese letzte Woche des Karnevals feiert man auch heute noch mit großer Begeisterung.

Heute vermischen sich beim Karneval in Venedig traditionelle und innovative Elemente, und so begegnet man auf den Straßen einer Vielzahl ungewöhnlicher Kostümierungen. In der letzten Woche des festlichen Trubels durch die Straßen zu wandern, ist ein aufregendes Erlebnis. Da können einem schon einmal einzelne Tortenstücke begegnen, die sich zu einer ganzen Torte zusammenfinden, oder als Backsteine kostümierte Gruppen bilden sogar eine ganze Mauer.

Für 6 Personen
Vorbereitungszeit: 30 Minuten
+ 7 1/2 Stunden Ruhezeit
Backzeit: 50 Minuten
Schwierigkeitsgrad: anspruchsvoll

300 g Mehl
20 g frische Hefe, zerkrümelt
5 Eigelb
125 g extrafeiner Zucker
1 EL lauwarme Milch
200 g weiche Butter
1 Ei
Abgeriebene Schale von 1 unbehandelten Zitrone
4 Tropfen Vanille-Essenz
125 ml süße Sahne
Butter und Puderzucker für die Backform
60 g Puderzucker

Empfohlener Wein: ein trockener, halbtrockener oder süßer Schaumwein (Prosecco di Conegliano)

Diesen Kuchen isst man in Verona zu Weihnachten. Sein Name ist vermutlich vom *pan de oro* abgeleitet, dem mit echtem Blattgold verzierten „goldenen Brot", das in alter Zeit als Abschluss eines festlichen Mahls serviert wurde. Die Zubereitung des sternförmig geriffelten Kuchens ist allerdings recht mühsam und zeitaufwendig. Doch der Aufwand für diese Spezialität aus Verona lohnt sich.

Pandoro

Veroneser Hefekuchen

30 g Mehl in eine Rührschüssel sieben, die Hefe hineingeben, 1 Eigelb und 1 EL Zucker hinzufügen. Die Milch dazugießen und alles rasch zu einem weichen Teig verrühren, der sich zu einer Kugel formen lässt. Mit einem sauberen Küchentuch zudecken und an einem warmen Ort 2 Stunden gehen lassen. • 150 g Mehl in eine Rührschüssel sieben. In die Mitte den aufgegangenen Teig setzen, 50 g Zucker, 3 Eigelbe und 40 g Butter dazugeben. Alle Zutaten schnell und gründlich vermischen, auf eine bemehlte Arbeitsfläche geben und zu einem glatten, geschmeidigen Teig verkneten. Den Teig in eine mit Mehl bestäubte Schüssel legen, zudecken und weitere 2 Stunden gehen lassen. • Das restliche Mehl, Zucker, Eigelb und das ganze Ei mit dem aufgegangenen Teig kräftig verkneten. Wieder zu einer Kugel formen, zudecken und nochmals 2 Stunden in der Schüssel gehen lassen. • Den aufgegangenen Teig auf eine bemehlte Arbeitsfläche legen und Zitronenschale, Vanille-Essenz und Sahne unterkneten. • Den Teig mit einem bemehlten Nudelholz zu einem Rechteck ausrollen, die restliche Butter in die Mitte geben und zunächst das eine, dann das andere äußere Drittel des Rechtecks zur Mitte falten, so dass drei Schichten Teig übereinander liegen. Ein weiteres Mal ausrollen und erneut falten. Zu einem kleineren Rechteck ausrollen und 30 Minuten ruhen lassen. Den Teig nochmals falten und ausrollen und wiederum 30 Minuten ruhen lassen. • Eine geriffelte Napfkuchenform einfetten und mit Puderzucker bestäuben. Den Teig einfüllen (er sollte die Form zur Hälfte ausfüllen) und in etwa 20 Minuten bis zum Rand der Form aufgehen lassen. Im vorgeheizten Ofen zunächst 30 Minuten bei 190 °C (Umluft 170 °C) backen, dann in weiteren 20 Minuten bei 180 °C (Umluft 160 °C) fertig backen. • Aus dem Ofen nehmen und sofort auf ein Kuchenblech setzen. Nach Belieben mit gesiebtem Puderzucker bestäuben und noch warm servieren.

Für 6 Personen
Vorbereitungszeit: 20 Minuten
Backzeit: 25 Minuten
Schwierigkeitsgrad: relativ einfach

5 Eier, getrennt
175 g Zucker
200 g Mehl
1 l lauwarme Milch
Abgeriebene Schale von
1 unbehandelten Zitrone
100 g Semmelbrösel
Sonnenblumenöl zum Frittieren

Empfohlener Wein: ein süßer Weißwein (Soave Recioto Dolce)

Crema fritta

Gebackene Eiercreme

Eigelb und Zucker in einem kleinen Topf mit schwerem Boden oder im Wasserbad hell und schaumig schlagen. • Das Mehl nach und nach dazusieben und gründlich untermischen. Unter ständigem Rühren die lauwarme Milch und die Zitronenschale (nur die äußere gelbe Schale) hinzufügen. • Auf dem Herd bei niedriger Temperatur erhitzen, dabei mit einem Holzlöffel langsam und stetig rühren, bis die Mischung sehr dickflüssig wird. • Die Creme auf eine leicht geölte Marmorplatte oder in eine flache Form gießen und auskühlen lassen. • Die Masse diagonal in Rauten schneiden. Das Eiweiß leicht verschlagen. Die Rauten in das Eiweiß tauchen und in Semmelbröseln wälzen. • In einer Pfanne reichlich Öl sehr heiß werden lassen und die Rauten portionsweise goldbraun frittieren.

In Venedig gibt es die bereits in Rauten geschnittene, feste Eiercreme fertig zu kaufen und muss zu Hause nur noch paniert und frittiert werden. Auch Milchgeschäfte bieten mitunter *crema fritta* an. Man serviert sie mit Vanillezucker bestreut.

Torta fregolotta

Mandelkuchen

Für 6 Personen
Vorbereitungszeit: 20 Minuten
Garzeit: 40 Minuten
Schwierigkeitsgrad: einfach

300 g Mandeln, geschält
250 g Zucker
300 g Mehl
1 Prise Salz
200 g Butter
4 Eier
Butter für die Backform

Empfohlener Wein: ein trockener Schaumwein (Prosecco di Conegliano)

Die Mandeln in die Küchenmaschine geben, 2-3 EL Zucker hinzufügen und rasch sehr fein zermahlen. • In eine Schüssel geben und und mit Mehl, Salz und dem restlichen Zucker vermischen. • Die Mischung auf die Arbeitsfläche häufen und in die Mitte eine Mulde drücken. • Die Butter in kleine Stücke schneiden und mit den Eiern in die Mulde geben. Mit den Fingerspitzen vom Rand unter die Mandel-Mehl-Mischung arbeiten, bis ein krümeliger Teig entsteht. • Eine Springform (26 cm Durchmesser) mit Butter einfetten und mit Mehl bestäuben. Den Teig in die Form füllen und im vorgeheizten Backofen 40 Minuten bei 180 °C (Umluft 160 °C) backen. • In unregelmäßige Rauten brechen (der Kuchen ist zu bröckelig, um mit dem Messer in gleichmäßige Stücke geschnitten zu werden) und servieren.

Diese Spezialität stammt aus Castelfranco, aus der Gegend von Treviso. Der Name weist auf die mürbe Konsistenz hin: *fregola* bedeutet im venezianischen Dialekt „Krümel". Die abgeriebene Schale von 1 Zitrone gibt dem Kuchen zusätzliches Aroma. Für eine andere Variante die Butter durch 3–4 EL süße Sahne ersetzen.

Crostata di ciliege

Kirschkuchen

Die Kirschen waschen und entsteinen. Mit dem Zitronensaft, 100 g Zucker, den Gewürznelken und der Zimtstange in eine Schüssel geben. Vorsichtig umrühren und 2 Stunden durchziehen lassen. • Für die Zubereitung des Teigs das Mehl in eine Rührschüssel sieben, abgeriebene Zitronenschale und 25 g Zucker hinzufügen und alles vermischen. 150 g Butter in kleine Stücke schneiden und mit den Fingerspitzen mit der Mehlmischung verkneten, bis eine feinkrümelige, „sandige" Masse entsteht. • Das Eigelb zügig unterkneten, aus dem Teig eine Kugel formen, in Frischhaltefolie wickeln und in den Kühlschrank legen. • Die Kirschmarmelade mit dem restlichen Zucker, dem Kirschwasser und der restlichen Butter in einen kleinen Topf geben, erhitzen und 5 Minuten köcheln lassen. Abkühlen lassen. • Drei Viertel des Teigs ausrollen und eine gefettete und mit Mehl bestäubte Springform (Durchmesser 26 cm) damit auskleiden. Einen schmalen Teigrand überstehen lassen. • Die Marmeladenmischung auf den Teigboden geben und die gut abgetropften Kirschen darauf verteilen. • Das übrige Teigviertel ausrollen und mit einem Teigrädchen in 1 cm dicke Streifen schneiden. Die Streifen in einem Gittermuster auf die Kirschen legen. Die überstehenden Teigränder über die Streifenenden legen und einen runden Rand formen. • Im vorgeheizten Ofen 40 Minuten bei 190 °C (Umluft 170 °C) backen. • Etwas abkühlen lassen und noch warm servieren.

Für 6 Personen
Vorbereitungszeit: 40 Minuten
+ 2 Stunden zum Durchziehen
Backzeit: 40 Minuten
Schwierigkeitsgrad: relativ einfach

800 g reife Kirschen
Frisch gepresster Saft von 2 Zitronen
200 g Zucker
4 Gewürznelken
1 Zimtstange
300 g Mehl
Abgeriebene Schale von 1 unbehandelten Zitrone
180 g Butter
3 Eigelb
400 g Kirschmarmelade
2 EL Kirschwasser
Butter und Mehl für die Backform

Empfohlener Wein: ein süßer Rotwein (Colli di Conegliano Refrontolo Passito Dolce)

Dieser Nachtisch ist eine Spezialität aus Verona. Statt Zitronenschale können auch einige Tropfen Vanille-Essenz zum Aromatisieren verwendet werden.

Kaffee

Tassen mit dampfend heißem Espresso „versüßen" den Venezianern seit Jahrhunderten den Alltag. Bereits zur Frühstückszeit zieht das wunderbare Kaffeearoma durch das Haus und tagsüber unterbricht man für einen Ausflug zur Kaffeemaschine oder zum nächste Café schon einmal die Arbeit. Am Abend genießt man dann gern noch eine Tasse in der angenehmen Gesellschaft von Freunden und der Familie. Im Laufe der Jahre hat sich die Kaffeepause beinah zu einem festen Ritus entwickelt: Sie findet immer auf die gleiche Weise statt, am liebsten so oft wie möglich und niemals allein. Der kleine Löffel, mit dem man den Zucker in der winzigen Tasse rührt, ist dabei fast ebenso wichtig wie der herrliche Geschmack.

Um den Ursprung des Kaffees ranken sich viele Legenden. Die bekannteste erzählt von Mönchen in einem Kloster im Jemen, die als erste einen Aufguss aus Kaffee bereiteten. Sie hatten bemerkt, dass Ziegen wild herumsprangen, nachdem sie an den Blättern und Beeren eines bestimmten Strauchs geknabbert hatten. Doch ganz unabhängig von Legenden wissen wir, dass man Kaffee im 14. Jahrhundert im Jemen als rituellen Trunk reichte. Gegen Ende des 16. Jahrhunderts trank man ihn bereits überall im Orient. In Mekka und Konstantinopel wurde er an Treffpunkten serviert, die kahave-kane *hießen und bei den Regierenden als Orte politischer Konspiration verrufen waren. Venedig erfuhr 1585 von dem Getränk: Im Bericht des Diplomaten Gianfranca Morosini hieß es von den Bürgern Konstantinopels, sie tranken „ein schwarzes Wasser, das so heiß war, wie sie es nur ertragen konnten. Man gewinnt es aus einem Samen namens* caveé *und es soll einen Mann wach halten können." Anfänglich diente der Kaffee in Venedig als Medizin, wurde aber bald zu einem beliebten Getränk. Er war billiger als Schokolade und man schätzte seine belebende Wirkung.*

Venedigs erstes Café wurde 1683 auf dem Markusplatz eröffnet. Viele weitere sollten folgen, einschließlich des „Caffè Quadri", 1775 von Giorgio Quadri eröffnet. Dort wurde türkischer Kaffee serviert. Bald schon spielten die Kaffeehäuser eine wichtige Rolle im Leben der Stadt, denn hier konnten sich die Menschen entspannen. Hier fanden aber auch kulturelle und politische Treffen statt. Im Café unterhielt man sich, man spielte und man ging seinen Geschäften nach.

Das „Florian's" ist das vielleicht bekannteste Café Venedigs. Es wurde 1720 von Floriano Francesconi gegründet und entwickelte sich bald zum führenden Kaffeehaus. Die Mitarbeiter von „La Gazetta Veneta", einer der ersten Zeitungen Europas, gingen hier ein und aus. Das „Florian's" war Treffpunkt für Intellektuelle und politische Agitatoren – ein Umstand, der 1796 zu seiner Schließung führte. 1858 wurde das Café restauriert, wobei man die einzelnen Räume mit verschiedenen Motiven austattete: Ein Raum wurde den Wissenschaften und Künsten gewidmet, ein anderer den Jahreszeiten, in einen Raum hängte man Spiegel, in einen weiteren Porträts von Berühmtheiten. In der Vergangenheit waren hier große Namen aus Kunst und Literatur zu Gast, etwa Canova, Foscolo und Byron im 18. oder Wagner, Dickens, Proust und Pirandello im 19. Jahrhundert.

Fritelle di zucca

Kürbis-Beignets

Für 6 Personen
Vorbereitungszeit: 30 Minuten
Backzeit: 40 Minuten
Schwierigkeitsgrad: relativ einfach

1 kg Kürbis (etwa Riesenkürbis)
150 g Sultaninen, eingeweicht
60 g Zucker
Abgeriebene Schale von
1 unbehandelten Zitrone
1 Prise Salz
1 EL Backpulver
100 g Mehl, gesiebt
Sonnenblumenöl zum Frittieren
Zucker zum Bestreuen

Empfohlener Wein: ein leichter trockener Weißwein (Gambellara Tocai Bianco)

Den Kürbis schälen, Kerne und faserigen Mittelteil entfernen. Das Kürbisfleisch in kleine Stücke schneiden, in einen Topf geben und mit kaltem Wasser bedecken. • In etwa 20 Minuten weich, aber noch bissfest garen. Gut abtropfen lassen. In einem sauberen Küchentuch überschüssige Flüssigkeit ausdrücken. • Das Kürbisfleisch in eine Schüssel geben, eingeweichte und ausgepresste Sultaninen, Zucker, Zitronenschale und Salz hinzufügen. Das mit dem Backpulver vermischte Mehl dazugeben. Die Zutaten gründlich vermischen und mit einem Löffel walnussgroße Kugeln formen. • Öl in einer Pfanne stark erhitzen und die Kugeln portionsweise schwimmend goldbraun ausbacken. Mit einem Schaumlöffel herausnehmen und auf Küchenpapier abtropfen lassen. • Mit Zucker bestreuen und sofort servieren.

Dieses Rezept stammt aus Venedig, wo frittierter Kürbis vor allem während der Fastenzeit auf den Tisch kommt. Überall im Veneto gibt es unzählige Varianten dieser köstlichen Süßspeise.

Torta nicolotta

Arme-Leute-Kuchen

Für 6 Personen
Vorbereitungszeit: 45 Minuten
Backzeit: 1 Stunde
Schwierigkeitsgrad: einfach

125 ml dunkler Jamaika-Rum
200 g Sultaninen
350 g trockenes italienisches Weißbrot, 2-3 Tage alt
1 l Milch
100 g Butter
250 g Zucker
5 Eier, leicht verschlagen
Abgeriebene Schale von 1 unbehandelten Zitrone
Butter und Semmelbrösel für die Backform

Empfohlener Wein: ein süßer Weißwein (Soave Recioto Dolce)

Den Rum in eine kleine Schüssel gießen, Sultaninen hineingeben und einweichen lassen. • Das Brot in kleine Stücke schneiden und in eine Rührschüssel geben. • In einem Topf die Milch zum Kochen bringen, Butter und Zucker einrühren und die Mischung über das Brot gießen. • Wenn das Brot nach etwa 30 Minuten die gesamte Milch aufgenommen hat, die Eier, die abgetropften Rosinen und die abgeriebene Zitronenschale dazugeben. • Die Zutaten gründlich vermischen. Eine Backform (Durchmesser 26 cm) mit Butter einfetten und mit Semmelbröseln ausstreuen. Den Inhalt der Rührschüssel in die Backform füllen und im vorgeheizten Backofen 30 Minuten bei 180 °C (Umluft 160 °C) backen. • Der Kuchen kann heiß, warm oder kalt serviert werden.

Dieser Kuchen ist nach den *nicolotti* benannt, den einstigen Bewohnern des ärmsten Stadtviertels Venedigs, die zum größten Teil Bettler waren.

Ein paar kleine Tipps für alle, die die Stadt und die Region selbst erforschen möchten:

ZUM WOHNEN:

Pensione alla Salute da „Cici"
Fondamenta Ca' Balà, 222
30123 Venezia
Tel: 0039 - 041 - 523 54 04
Fax: 0039 - 041 - 522 22 71
Zentral, ruhig und für Venedig bezahlbar

Coop. 8 Marzo
Ca' Verde
30021 Sant' Ambrogio di Valpolicella
Tel: 0039 - 045 - 686 17 60
Fax: 0039 - 045 - 686 12 45
Wohnen (einfach) auf dem Bauernhof, die biologischen Produkte können im Restaurant verspeist oder gekauft werden

Il Castello
Via Castello, 6
36021 Barbarano Vicentino
Tel: 0039 - 0444 - 88 60 55
Fax: 0039 - 0444 - 88 60 55
Hübsche, preisgünstige Appartments in den Colli Berici

RESTAURANTS:

Vini da Gigio
Fondamenta San Felice, Cannarégio 3628
30131 Venezia
Tel: 0039 - 041 - 528 51 40
Ein beliebtes Restaurant mit riesiger Weinauswahl; hohe Qualität zu moderaten Preisen.

Cantina do Mori
Calle do Mori, San Polo 429
30125 Venezia
Tel: 0039 - 041 - 522 54 01
Eine Institution! Osteria für ombre und cicheti, die typischen Gläschen Wein und die kleinen venezianischen Spezialitäten dazu

Al Granso Stanco
Lungomare Adriatico
30019 Sottomarina Lido
Tel: 0039 - 041 - 40 11 92
Bekanntes Restaurant mit köstlichen Fischspezialitäten bei Chioggia

Alla Terrazza
Via Centro, 73
San Pietro di Barbozza
31049 Valdobbiadene
Tel: 0039 - 0423 - 97 26 00
Osteria mit einer großen Auswahl an Prosecchi und Weinen

WEIN:

Azienda Agricola Vignalta
Via Marlunghe, 7
35032 Arqua Petrarca
Tel: 0039 - 0429 - 77 72 25
Einer der besten Erzeuger Venetiens, an den Ausläufern der Colli Euganei

Cantina Sociale della Valpolicella
Cà Salgari, 2
37024 Negrar
Tel: 0039 - 045 - 750 00 70
Große Auswahl von Weinen aus ganz Venetien (Bardolino, Soave, Valpolicella)

Cantina Vini e Spumanti Nino Franco
Via Garibaldi, 167
31049 Valdobbiadene
Tel: 0039 - 0423 - 97 20 51
Wie der Name schon sagt: Weine und Schaumweine im Zentrum des Proseccho-Gebietes

GESCHÄFTE FÜR LOKALE PRODUKTE:

Punto Vendita della Latteria Sociale Cattolica
Via Roma, 100
36042 Breganze
Tel: 0039 - 0445 - 30 05 79
Käsespezialitäten (Asiago und Grana)

Prosciuttificio Daniolo Vittorio
Via Campana, 14/B
35044 Montagnana
Tel: 0039 - 0429 - 815 12
Schinkenspezialitäten DOP Veneto (berico-euganei)